語り継ぐ戦争と民主主義

先の戦争と日本国憲法を根っこに据えて考える

八角宗林
Yasumi Sorin

あけび書房

はじめに

1965年頃、ベトナム戦争の映像によって、考えるべき対象として国家を意識させられました。それまでの生活では、国家はうっすらとした存在でしかなかったのです。大きなアメリカ兵が、下半身を吹き飛ばされた小さなベトナム人（ベトコン）を、釣果を誇るように差し上げている写真は衝撃的でした。なんと、ここまで人間は落ちることができるのか。なぜ、ここまで尊厳を奪われねばならないのか。悲しみと怒り、そして、恐れを覚えました。この写真の場面にいたならば、自分は何ができるのか、できないのか。何をなすべきなのか、なすべきでないのか。生き方を問われる恐ろしさです。

これは「自分は守られていても、周りの人たちの人権が奪われていたのでは、安穏はないぞ」との発見でした。これによって、国家が私の体の中で動き出したのです。中学2年生でした。

その後の学習でも、平和によって、尊厳が守られるとの見方は強められました。戦争はありとあらゆる人権を奪い、相互が人間性を失う狂気であるに違いありません。そのとおりなのですが、平成に入ると、より実感ある恐れは財政金融危機ではないのかと思わされるようになります。

膨らむ赤字国債。このまま手を打たずに国の借金を増やし続ける政策は危険ではないのか。突然、財政破綻に陥らないかという不安は、戦争への恐怖よりも私の中では現実味を帯びてきました。財政破綻は国家が借金の肩代わりを国民に強います。国家の信用失墜による超インフレで、国民は金融資産のほとんどを失います。一方、国家は借金の帳消しに成功するのです。

ですから、国民は経済的困窮に陥り、混乱の中に放り出されます。治安も悪化し、人々の心も荒《すさ》ぶでしょう。健康を害し、自殺を含む死者が増大します。多くの国民が尊厳を奪われる事態は、戦争の惨禍に匹敵すると予想せねばなりません。

生活を豊かにしない税金や国有財産の使われ方に、国民はイライラさせられ、しまいには、それは怒りに変わりました。このような無駄遣いをして、この国は世界から置いていかれはしないか。この怒りや不安に応えるべく、民主党政権が発足しました。しかし、行政改革も財政健全化も失敗し、税金の使われ方も改善されないままに終わりました。

再び現れた安倍政権は、異次元の金融緩和を掲げる黒田日銀総裁と組み、国債を日銀に買い取らせ、思うがままに国債を発行できる仕組みを作るに及ぶのです。年金資金を株式市場に放出し、株価を上げ、好景気を演出することも忘れないアベノミクスという虚構に国民を引きずり込んで、恥じません。国債を含む国の借金が、専門家が危険水域としていた１０００兆円を超えても平気の平左です。マイナス金利で借金中毒症状を緩和しているだけで、病巣は腐蝕の一途をたどっています。にもかかわらず、アベノミクスを自画自賛してみせるのです。

虚構の好景気と知りつつ、他に任せられる政治家がいないと安倍政権を支持しているうちに、行政改革も財政再建も済んだ政治課題と思わされている国民です。ですから、安倍首相は財政問題に触れません。

というか、安倍政権は国民の危機感を行政改革や財政再建から、安全保障に向けさせることに成功したと言うべきでしょう。第一次安倍政権下の教育基本法改定（教育の目的に愛国心の育成を加えた）に始まり、特定機密保護法、改正組織犯罪処罰法（共謀罪を加える）、防衛装備移転三原則（武器輸出原則解禁）、安全保障関連法（集団的自衛権の容認、自衛隊の軍隊化）を制定しました。中国・韓国・北朝鮮との外交改善努力をせずに、関係悪化の責任を棚上げして、国防費を増やすのです。辺野古基地建設反対の沖縄県民の声に応えずに、その増え続ける工費の工面には努力するのです。

財源がないとは言わぬ国防費

気付いてみれば私たちは、税金の無駄遣い根絶や財政健全化を求めたにもかかわらず、逆に、これらを悪化させる政権に従っています。国民が一人として「殺されもしない、殺しもしない」国であり続けたいとの思いは踏みにじられ、「殺し殺される国民」に連れ戻されました。これは

「安全保障関連法」があるゆえに、憲法改正国民投票で改憲に反対との国民の意思が出ても、変わりません。そこまで私たちは追い込まれています。

安倍首相とその閣僚たちは民主主義も人権も教養にしていません。教養とは無意識に使える知識と見識です。これに従えば、反民主主義や反人権の失言を繰り返す者たちの本音は失言の中にこそあると言わねばなりません。

改めて、安倍政権退陣を‼

そして、政治を自分の生活の一部にしていく。

この思いを共有しつつ、読んでいただけたら幸いです。

（なお、本書はⅠ部は冒頭から、Ⅱ部は巻末からのスタートとなります）

２０１９年５月３日　憲法記念日に

八角　宗林

もくじ

語り継ぐ戦争と民主主義

Ⅱ部　語り継ぐ私の民主主義体験
——言葉だけの民主主義は、もういらない!!

Ⅰ部

語り継ぐ父の戦争体験

口先だけの平和は、もういらない!!

70~80年前に戦争がありました。
今の平和な日本からは想像できないほどの悲劇が
人々を襲いました。
忘れ去ってはいけない歴史です。

語りのはじめに

―これは、変わらぬ、もう変えられぬ、変えてはならぬ歴史です

私が住んでいる千葉県匝瑳市中心部を見下ろす天神山公園には、戦死した郷土出身者の名前を記した「忠魂碑」が立っています。久々に行ってみると、苔むしてしまい、相当数の名前を判読することができませんでした。持参の花を捧げました。

　丘の上平和を愛でる戦没碑故郷の街は花で霞みぬ

西南戦争と日清戦争の戦死者は、それぞれ、１名とすぐに分かります。日露戦争の旧八日市場町出身者の戦死者は７名です。不謹慎にも、意外と少ないと思ってしまうのですが、それには理由があります。それは日中・太平洋戦争の戦死者は何度か数え直さねば正確につかめない程だからです。その数、２７１名。

日本海海戦勝利など、戦況は日本側が有利であったにもかかわらず、政府はアメリカに終戦の調停を求めねばなりませんでした。もう戦争を継続する余力が、これっぽっちもなかったのです。

天神山公園の忠魂碑

国力（戦費は国家予算の8年分の約20億円）も兵力（戦死者8万８０００人、戦傷者は37万人）も消耗しつくした日露戦争でした。その日露戦争でさえ、7名です。しかし、先の大戦は40倍の郷土の青壮年の命を奪ったのです。

このことから、日中・太平洋戦争は、大げさでなく、国を亡ぼす戦争であったと想像できます。軍部の一部が「終戦の玉音放送レコード盤」を奪おうとしたことは、彼らが一億総玉砕まで戦うと考えていた証拠になります。まさに、国を亡ぼす一歩手前まで行かせた異常が、否、狂気が支配した時代でした。わずか70年で忘れ去るほど軽い歴史ではありません。

これは民族の記憶として、留め置く必要がある歴史です。古代人が伝えるべき記憶を神話にして子孫に残したように、戦争の記憶を正しく、大切に伝えたいという衝動に駆られます。もちろん、同じ過ちを繰り返さないためにです。

しかし今、同じ過ちを繰り返すのではと不安にさせられることが続いています。田中角栄元首相が「自分たちの世代が政治を動かしている間は心配ないが、戦争を知らない者たちが国を動かすようになった時が危ない」と述べたと聞きます。ここ数年の政治の動きは彼の心配が的中してしまったことを教えます。

２０１３（平成25）年7月29日、麻生太郎副総理は「ナチスの手口に真似たらどうか」と発言しました。失言であると撤回しましたが、失言には「言い誤り」と「言ってはいけない本音を不注意で言ってしまうこと」の二通りの意味があります。

この失言は憲法改定についての話の中で飛び出しました。「ワイマール憲法もいつの間にか、ナチス憲法に変えられていた。あの手口を真似たらどうか」との提案です。しかし、事実として、「ナチス憲法」はありません。ナチスはワイマール憲法のまま、ワイマール憲法の実質を奪い、独裁を確立しました。

歴代自民党政権は集団的自衛権を憲法違反の疑いありとしてきました。しかし、この集団的自衛権の行使を可能にしたのが２０１５年9月19日成立の安全保障関連法です。これはアメリカが始めた戦争に参戦できるようにする法改定ですから、非戦を国に求める日本国憲法第9条の実質を奪い、変えたに等しい「手口」です。「ナチスの手口に真似たら」発言は、「言ってはいけない本音を言ってしまった」失言だったのです。

失言が時代をリードする不気味

集団的自衛権の行使に加え、安倍政権は「武器輸出禁止三原則」を「防衛装備移転三原則」に変えました。何のことはない「防衛装備移転」とは「武器輸出」のことです。武器輸出原則禁止を原則解禁に変えてしまったのです。言葉の目くらましで、憲法9条の理想に背を向けたのです。

そして、特定秘密保護法と改正組織犯罪処罰法の二法の制定です。この二法は、報道機関を委縮させ、国民の知る権利を奪い、政治社会活動に制限を加え、その気になれば、政府批判を抑圧することを可能にしました。先の戦争に至ったのは言論報道統制をして、国への批判を許さなかったことが大きかった、その反省を無にする法の制定です。

裸より心を覗く重い罪

さらに、北朝鮮の核開発を国難と喧伝しておきながら、危機回避の行動を採るのではなく、北朝鮮攻撃をほのめかすアメリカとの一体化を強調しました。

安倍政権が嫌う日本国憲法、中でも9条がそれです。1947（昭和22）年8月2日、中学一年生用に文部省が発行した『あたらしい憲法のはなし』は「戦争の放棄」を次のように説明しています。

「放棄とは捨ててしまうことです。しかし、皆さんは、けっして心細く思うことはありません。日本は正しいことを他の国より先に行ったのです。世の中に、正しいことぐらい強いものはありません」「よその国と争いごとが起きた時、決して戦争によって、相手を負かして、自分の言い分を通そうとしないと決めたのです。なぜなら、戦を仕掛けることは、結局、自分の国を亡ぼすことになるからです」

これと同じことを、総理大臣を務め、大東亜戦争調査会の総裁であった幣原喜重郎がこの会の第一回総会挨拶で述べています。

「今日我々は、戦争放棄の宣言の大旗を掲げて国際政局の広漠なる野原を単独に進み行くのでありますけども、世界は早晩、戦争の惨禍に目を覚まし、結局私共と同じ旗を翻して、遥か後方に付いてくる時代が現れるでありましょう」

そして、この会の目的を、「この際、戦争の原因および実相を調査致しまして、その結果を記録に残し、持って後世国民を反省せしめ、納得せしむ力あるものに致したいと思うのであります」

としています。ここには、安倍首相が言うまやかしの「積極的平和主義」ではない、本来の積極的平和主義があります（この調査会は1年足らずで解散させられました。もし続けられていたら、有意義な報告書が国民に示されたでしょう）。

積極的に武器を備える平和主義

この本来の積極的平和主義を生み出した事実を「不都合な事実」として、安倍首相はこれと向き合おうとしません。事実とは、アジア太平洋戦争が侵略戦争であったということです。安倍首相はその認識を問われると、話をはぐらかして、そうだと一度も言ったことがありません。先の戦争を侵略戦争と認識できないなら、侵略を正義と認識するでしょう。彼の言う「積極的平和主義」がまやかしの、口先だけの、見せ掛けの平和主義であると言わざるを得ない事情がここにあります。

そしてもう一つの「不都合な事実」は、あの戦争が与えた悲しみと、恐怖、愚かしさと、そして怒りです。自ら人権・尊厳を失い、他者のそれを奪い、人間を虫けらのように捨て去り、また扱うことを強要する戦争への怒りです。

これらが戦後の出発点であったことを忘れてはいけません。その戦争を父母の世代はどう生きてきたのか、どう死んでいったのか。戦争体験者の私の父が亡くなり20年、これらを次世代に伝えることは私たち世代の仕事になりました。

さて、父が体験した戦争です。これから聞いていただく「語り継ぐ父の戦争体験」は、私が子どもの頃、兵隊時代の分厚い2冊のアルバムを見せてもらいながら、父から聞いた話です。ですが、同時に、父の生き方や性格を知っている自分の想像も多分に入っていることを告白しなければなりません。さらに、記憶違いから、父から聞いた話だと思い込んでいる可能性もあることをお断りさせてください。

父、八角三夫（はっかくみつお、後に「やすみ」に変更）は大正8（1919）年、10月13日に千葉県匝瑳郡匝瑳村に生まれました。祖父直藏は農民であり、生活は苦しく、父は14歳で、東京に丁稚奉公に出されます。

名から分かるでしょうが、三男でした。直藏には4人の息子がいました。全員出兵し、残念ながら、父のすぐ上の兄である栄が日中戦争開戦2年後の昭和14（1939）年3月27日午後12時、中国江西省南昌県施家付近の戦闘において、戦死しています。その直後、父は入隊し、その中国に向かいます。

それでは、父の戦争とその時代の話をお聞きください。

その前に、父が生まれた大正時代と昭和初期はどんな時代だったのでしょうか。教科書的にまとめさせていただきました。

1章　父が生まれた時代（大正時代　1912～1926年）

日露戦争による荒廃

日露戦争（1904～1905年）が国力を超える戦争であったことは戦費の調達に表れています。

政府は国民に、節約をして、国債を買うように求めました。各府県に国債購入額を割り振って、府県は市町村にノルマを課しての大騒ぎとなったのです。茨城では国債200円を引き受けたが払い込みできずに、窃盗を働いたという事件まで起きています。結果、この緊縮ムードは消費を抑えさせ、庶民の生活を悪化させました。

それでなくとも、100万の兵力で臨んだ戦です。働き手を失った家庭の生活を苦しくしました。しかも、農村では農耕牛馬も徴発され、生産力が落ちました。酒税や営業増税も実施され、国民経済は疲弊します。その不満が賠償金もなく、領土獲得も狭小であったポーツマス条約締結に向けられ、日比谷焼打ち事件となって表れます。政府が戒厳令を出さねばならぬほどの暴動でした。
そのうえに、さらなる試練がやってきます。それは発行債券14億７０００万円のうち、13億円が外国債であったことによります。その利息が４〜６％、これが最長25年続くことになるのです。朝鮮の植民地化事業も加わり、国民一人当たりの租税負担額は明治24年の２円26銭から41年には９円５銭に増えています。

ここで、もう少し、逸話をご紹介します。

「三重県の村では、石油ランプを灯すのは不経済だと夕暮れになるとともに就寝させることとし、違反者からは科料を取った。また、滋賀県では衣料の新調を一切禁じ、違反すれば罰金を取ると定めた」

相互監視があったと予想されます。既に、日中・太平洋戦争時と同じ「銃後」があったのです。戦争遂行が最優先され、勝利のために、有無を言わせぬ統制が人々の生活を犠牲にしました。

一方、政府は日露戦争後、「帝国国防方針」を立案し、８師団を増やし25師団にし、戦艦と巡洋艦を８隻ずつとする八・八艦隊案を提出します。また、戊辰詔書を出して、家族主義を強調し節約と勤勉による国力増強を説きました。そのうえで、政府の下に地方改良運動や青年会活動、在郷軍人会、産業組合運動を組織しました。国家の意向を地方に行き渡らせることで国家の基礎を固めようとしたのです。大日本帝国憲法が根本に持つ国家主義的志向の具現化を一気に進めたと言えます。

民衆の力

「帝国国防方針」を掲げ、中国の辛亥革命に警戒感を強めた陸軍は朝鮮に駐屯させる二個師団の増師を要求します。しかし、財政難に苦しむ西園寺内閣がこれを拒むと陸軍大臣が辞表を天皇に提出し、内閣は総辞職に追い込まれました。これを受け、桂太郎が組閣すると再三、詔勅（天皇の命令）を出して反対派を抑えました。すると、陸軍や藩閥の横暴に対する国民の批判が高まります。

立憲政友会の尾崎行雄や立憲国民党の犬養毅らの政党人や新聞記者、商工業者が「閥族打破・憲政擁護」をスローガンに、桂内閣打倒を目指す運動を展開します。その際、護憲派を支持する民衆が国会議事堂を取り囲み、警官と衝突し、警察署や政府系新聞社を焼打ちする騒動に発展、桂内閣を退陣に追い込みました。民衆の動きが政局に大きな影響を与えた事件です。１９１３（天正２）年のことです。

「憲政擁護」とは、国民の参政権を基礎とする憲法に基づいた立憲政治を護るという意味です。藩閥、官僚、軍部、貴族院などの特権勢力に対抗するために、用いられました。明治憲法は「天皇は神聖にして侵すべからず」と言い、議会に優越する多くの天皇大権がありました。これに頼り、特権勢力は立憲政治を抑えようとしましたが、反発を招き、桂内閣は倒れたのです。

これを皮切りに大正時代は民衆の活動が政治・社会に影響を与えます。それらを列挙します。

労働組合の結成――鈴木文治が結成した友愛会。後の日本労働総同盟は階級闘争主義に転じる。

日本農民組合――小作料減免、耕作権確立の要求を支援し、小作争議に関わり、農民運動を支える。

婦人運動――平塚らいてうらによって結成された青鞜社は婦人解放運動を展開。新婦人協会は婦人参政権運動を展開する。

日本共産党結成――君主制廃止、大地主の土地没収とその国有化、８時間労働制などを掲げる。

部落解放運動――被差別部落への社会的差別をなくすことを目的に全国水平社が結成された。

米騒動も民衆の力が政治を動かした事件として歴史に刻まれています。１９１８（大正７）年７月、富山県の漁村の主婦たちが米価高騰を阻止しようと始めた運動が、全国に広がります。政府は外米の輸入や米の安売りをおこなうと同時に、軍隊を出動させ、鎮圧に１か月以上かかった大事件です。京都、名古屋、東京、大阪の大都市をはじめ、42道府県におよび、参加人数70万人、検挙者数２万数千人とされ、７８００人が起訴されました。寺内内閣は世論の激しい非難の中、退陣しました。自然発生的であったとは言え、社会に与えた衝撃は甚大でした。

このように、大正期は市民の生活状況が政治に直接影響を与える時代となりました。市民の政治・社会運動が政治に与える影響を無視できなくなったのです。それは立憲政治を確たるものにする契機にもなります。これが普通選挙運動となって表れ、１９２５（大正14）年普通選挙法が制定されました。しかし、同時に、治安維持法が制定され、民主主義に影を落とします。

対華二十一か条要求

オスマン＝トルコは15世紀以来、その周辺地域を支配し続けていましたが、勢力が衰え、バルカン地域内の民族・宗教をめぐる対立が顕在化していました。そこで、この地域に野心を持つ列強が介入しだします。第一次世界大戦（１９１４～１９１８年、大正３～７年）は、先進資本主義国間のバルカン半島や中東地域の植民地化や市場をめぐる勢力争いとして起きたのです。

それが非戦闘員１０００万人を含む２０００万人を殺す戦争になるとはだれも予想していなかったでしょう。これは、高度に進展した資本主義の経済力と工業力の結果でもあります。戦場では兵器・弾薬の消耗が激しく、生産力が戦力の重要な部分になります。そこで、国民も兵士とみなされ、総力戦となったのです。

しかし、日本はほんのわずかな損害で済みました。しかも、欧州は戦争で手一杯で、アジア・アフリカに輸出する余裕はなく、逆に、多くを輸入しなければなりませんでした。日本は、欧州が満たしていたアジア諸国の需要を肩代わりし、そのうえ、戦争当事国の需要にも応じる立場になったのです。アメリカと共に、空前の大戦景気がやってきました。

戦争は膨大な物資の移動を必要としたので、海運業や造船業は活況を呈し、日本は世界3位の海運国にのし上がります。紡績・綿織物工業は中国市場を独占できたので輸出が急増し、製糸工業もアメリカの好況に支えられ、順調な発展を遂げました。製鉄業では八幡製鉄所の拡張、満鉄経営の鞍山製鉄所の設立などが続き、ドイツからの輸入が途絶えたために化学工業の国産化も進みました。結果、工業生産額は農業生産額を超え、工場労働者が開戦後5年間で倍に、商業サービス業人口も増え、都市への人口集中が進みました。国際収支も11億円の赤字から27億円の黒字に転換し、海外投資額が1920年までに30億円に達したのです。

戦争は経済面のみならず国際政治分野にも、アジアにおける欧州の空白をもたらしました。英国が東シナ海のドイツ艦船の撃破を要請してくると、日本政府は中国での権益拡大の好機と捉え、日英同盟を理由に対独参戦を布告し、中国山東省の青島や赤道以北のドイツ領南洋諸島を占領しました。そして、中国に突き付けたのが「対華二十一か条要求」でした。

その主な内容は次のようなものです。

① 山東省内の旧ドイツ権益は日本が受け継ぐ。
② 大連・旅順の租借期限および南満州の鉄道権益期限の99年間延長。
③ 南満州や東部内蒙古の鉱山権益。
④ 日本以外の国に中国の沿岸、港湾および島を譲与してはならない。

⑤中国政府の財政・軍事顧問として日本人を採用。

特に、⑤は中国が日本の植民地になってしまうほど重大な内容です。結果、英米の反対が強かった⑤は保留されましたが、その他大部分を中国に承認させました。

中国は、日本には旅順・大連など、イギリスに威海衛や香港、フランスに広州、ドイツには膠州湾の権益を奪われています。しかし、二十一か条要求は質が違います。１、保留したとは言え、中国の内政権を犯そうとしたこと、２、日本以外に中国の沿岸・港湾・島を譲与しないことを求めたこと。この二点は日本が中国分割競争の段階から中国独占支配に舵を切り替えたことを意味します。これを感じ取った中国民衆が日貨排斥運動（日本商品のボイコット）を起こし、受諾日を「中国国恥記念日」と定めます。

この日から日中戦争は始まったと見るべきです。また、日本の中国独占を警戒けん制したアメリカとの太平洋戦争開戦への道の始まりもここにあると言ってよいと思います。

恐慌と軍部の暴走

第一次世界大戦終戦後の大正９（１９２０）年には、欧州の需要を失った日本は一転、不況に見舞われます。そのうえに、大正12（１９２３）年の関東大震災で、経済も社会も大混乱に陥りました。昭和２（１９２７）年の金融恐慌、続く昭和４（１９２９）年の世界恐慌は未曾有の経済危機を招きました。特に、アメリカへの輸出生糸が激減したため、農業の衰退は激しく、農村は貧窮を極めます（農家の6割は製糸・養蚕に関係していた）。

その社会の混乱をよそに、政治家の汚職事件が頻発し、政治・政党への信頼が揺らぎ、独占を強める財閥への批判も高まったのです。そのようななか、昭和7（１９３２）年2月に大蔵大臣井上準之助、３月に三井合名会社理事長の団琢磨が右翼団体血盟団によって暗殺される事件が起きます。

中国では国民政府による中国統一の動きが進み、満州でも張学良政権が国民政府に忠誠を誓いました。民族運動の高まりのなか、国民政府は列強に与えていた権益の回収を目指します。日貨排斥運動が高まり、日本経済に打撃を与えだしていました。

満州は対ソ戦略の拠点地として、重化学工業発展の資源供給地として「日本の生命線」とされていました。そのような中国の国権回復の動きに陸軍は危機感を高めるのでした。

昭和6（１９３１）年9月18日夜半、中国奉天郊外の柳条湖で日本経営の満鉄線路爆破事件が起きます。関東軍（遼東半島の日本権益と日本人保護のために駐留する日本軍）がこれを中国側の仕業と発表し、軍事行動を起こします。日本政府は戦闘の不拡大方針を出しましたが、関東軍は従わず、満州一帯を占領します。これが満州事変です。そして、昭和7（１９３２）年3月には清朝最後の皇帝溥儀を執政に据えて満州国の建国を宣言させ、事実上の支配権を握ります。時の犬養毅首相が満州国の承認を渋ると軍部将校が暗殺（5・１5事件）。後継の斎藤実首相は軍部の圧力

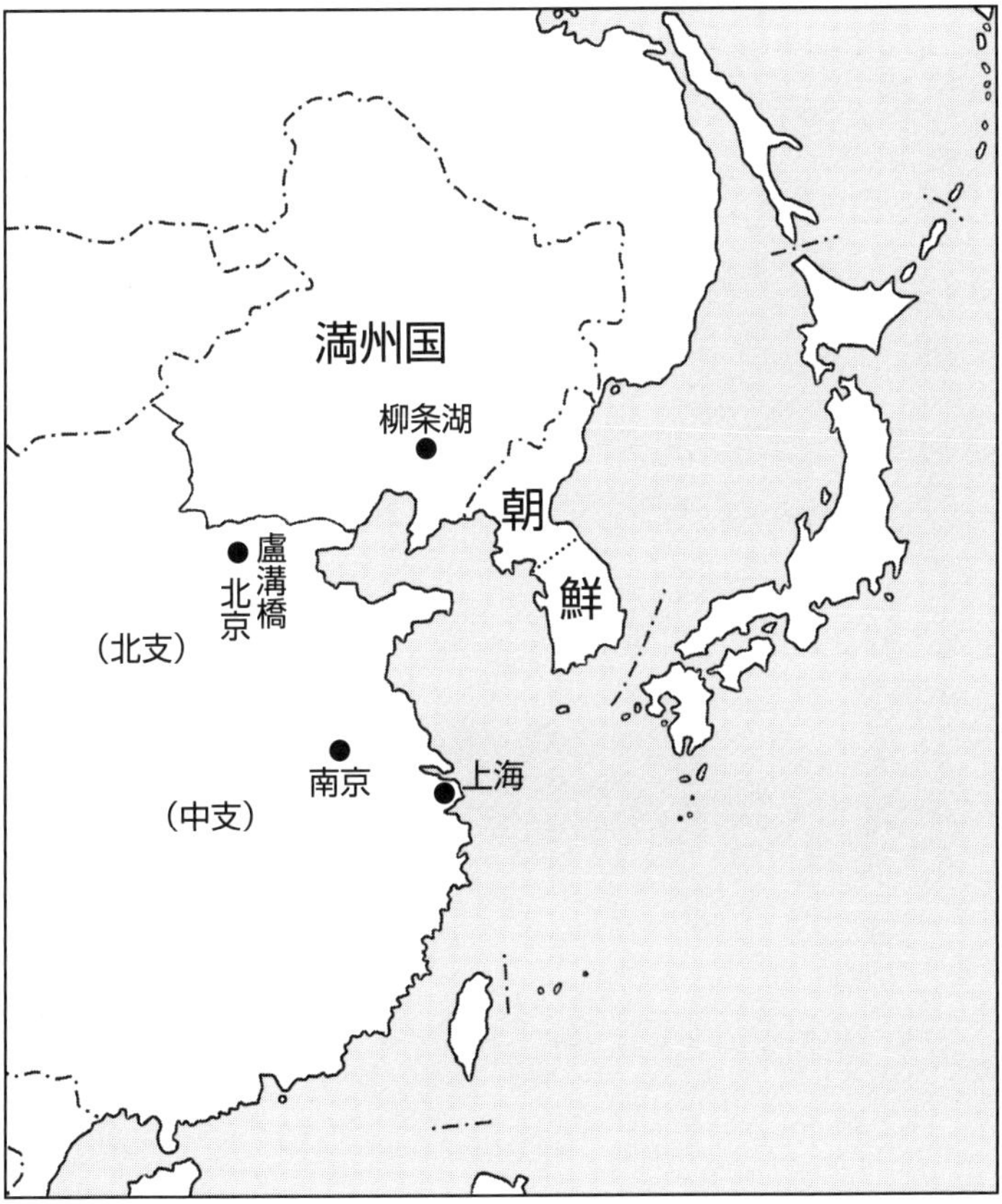
満州国
柳条湖
朝鮮
盧溝橋
北京
（北支）
南京
上海
（中支）

と世論の突き上げにあい、満州国を承認するという事態になりました。

関東軍は柳条湖線路爆破を中国側の仕業としましたが、実は、関東軍が起こした事件だったのです。そのことは国民に知らされず、国民が知るのは第二次大戦後のことです。軍事行動の口実を自らが作り、満州を占領するための企みだったのです。

軍は首相までも暗殺し、己が主張する満州国承認を政府に追認させました。５・１５事件を起こした将校らは裁判にかけられましたが、首謀者でさえ反乱罪で禁固15年、しかも、６年後（１９３８年）には出所しているのです。形ばかりの裁判で、暗殺を認める結果になっています。柳条湖事件から政府の満州国承認までの動きは、政治を任務としない軍部が、政治の主導権を握ったことを示すものです。

満州国承認問題は国際連盟でも議題にされ、リットン調査団が派遣され報告書も提出されました。結果、満州に対する中国の主権を確認し、満州における自治政府の樹立と日本軍の撤退を勧告する決議案が42対１（１は日本）で可決されました。昭和８（１９３３）年、日本はこれを原因に国際連盟脱退を通告、日本は国際的孤立の道を選んでしまいます。父が14歳で上京した、その年です。

このような動きのなか、大正期に芽生えた市民の立場を主張する政治的・社会的思潮は摘まれていきました。治安維持法と特別高等警察（特高）が人権を奪いました。

2章　語り継ぐ父の戦争体験

父、東京に出る

昭和8（1933）年4月に、父は東京向島の酒屋に丁稚奉公に入ります。14歳でした。漫画サザエさんの三郎さんと同じ仕事です。しかし、その身分や扱われ方は、三郎さんとは大分違ったようです。

主人は奉公人を牛馬ほどにも大切に扱わなかったと言います。飼い犬にも与えない、半分腐ったような飯を食べさせました。夏、食べ物にあれこれ言わなかった父が、ふかしご飯に不愉快になった理由がここにあったのかと、後に気付きます。

扱いはお得意様も同じで、御用聞きと蔑んだ目で見たそうです。そんななか、丁寧に接してくださる家庭がありました。御用聞きに行くとお菓子や冷たい麦茶をいただいたことを、父は嬉しそうに話しました。そこに、東京帝国大学在学中の息子さんが弟のように接してくれたのです。その方の名前が「廣道」さん、私の名と同じです。

前列向かって右から二人目が祖母、その左隣が直蔵爺さんです

私には4歳上と3歳上の姉がいます。昭和28（1953）年に男の子が生まれました。私です。父は、かねがね決めていたように「廣道」と命名したのです。これを聞いたのは、私が30代半ばの時でした。姉たちの名は直蔵爺さんが付け、私と弟の名は父が付けたと聞いていました。こんな理由があったのです。ちなみに、弟の名は「直道」。やはり、父は祖父を敬愛していたのです。

向島の酒屋を辞め、新橋の中華料理店に移ったところまでは聞いています。結果、蒲田の工場で旋盤工の職を得ます。

旋盤工で召集される

父は、最終的に、旋盤工になり、東京蒲田に腰を落ち着けました。4年後、そのまま、召集を受けます。

なぜ、最後は旋盤工だったのでしょうか。確かに、性に合ったことが一番の理由なのでしょう。しかし、それだけではない、時代に誘導された父の職業選択であったと思わせる国家の動きがあります。

大正12（１９２３）年の関東大震災の混乱で、いわゆる震災手形が決済されず、金融不安が広まるなか、昭和が始まりました。昭和２（１９２７）年、大蔵大臣の不用意な発言がきっかけになり、金融恐慌に陥ります。不安になった預金者が銀行に殺到し、多くの銀行が休業に追い込まれました。さらに、昭和４年、ニューヨークの株価暴落から世界恐慌が起きて、日本経済は未曾有の危機に陥るのです。

この経済的危機が第二次世界大戦の原因になったと習いました。正しいのでしょう。しかし、日本がこの不況を最後まで解決できない劣等生だったがゆえに、無謀な戦争に走ったと言えば、それは違います。実は、日本は欧米列強に先駆けて、恐慌から抜け出しているのです。昭和８（１９３３）年には恐慌前の生産水準を回復、この時、綿織物の輸出額でイギリスを抜いて、世界一位にもなっています。

これは、金輸出再禁止による円の信用低下による円安が輸出に有利となったこと。軍需増大、農村救済などの財政膨張を赤字国債発行でおこなったこと。そして、重要産業統制法を制定し、カルテル容認の財閥保護策を採った結果でした。

加えて、忘れてはいけないのが、電力を基礎とした化学コンビナート化を進めた新興財閥の台頭があります。これにより、鉱工業生産に占める重化学工業生産が軽工業生産を超えたのです。当然、造船、機械、自動車などの産業も活況を呈します。多くの工員が必要になったのです。

父はこの流れに、知らず知らずに、乗っていたのではないでしょうか。昭和14（1939）年、中国北東部に派遣されます。旋盤工の技術が後に、命を救います。

現地調達

父は虚弱体質で、入隊前はガリガリだったそうです。胃腸が弱かったのです。しかし、軍隊時代の写真を見ると、顔は丸々、体格も立派です。どうも、肉体を酷使する厳しい訓練が父の生命力を目覚めさせたようです。

私も高校時代、コーラス部こそ体力が必要と、ランニングやトレーニングを練習に取り入れた結果、体重は生涯でマックスの60kgになりました。同時に、最も健康な時期でもありました。父も軍隊時代、健康だったことでしょう。だから、軍隊が楽しい経験であったかと言えば、それは、もちろん違います。

三日三晩歩き続ける「行軍」という訓練の時には「歩きながら寝た」と疑わしいことを言います。「いつものお惚《とぼ》けだね」と思ったのですが、いたって真面目です。後に、同じ話に出合いましたから、本当なのかもしれません。

「それじゃ、水食料も大変な重さになるね」「そらぁ、違うよ！　装備だけで60キロあるから、食料は持って行かない。現地調達、要は、強奪だ。空腹は食べようとする行為をすべて善と見る」との平然な物言いに、妙な説得力があります。

中国人の日本軍協力者の娘さんと記憶します。双子の美人です。
日本軍武装解除後のこの家族の運命が気になるところです

「しかし、鶏を奪った時、婆様に泣かれたのは堪《こた》えた」

父はバランスを考えたのでしょうか、こんな話もしました。街の屋台を食べ歩く時に、配給されたキャラメルや羊羹を店の子どもにあげ、「その子どもの笑顔を見るのも楽しみだった」と。するると、店主から餃子やシュウマイのお返しが飛んでくるのです。

とは言え、日本軍が中国の植民地支配を貫徹するための強制力であったことはどうすることもできない事実です。これらの交流が、ことの本質を変えることはありません。

戦闘に参加

中国は広大です。その一部とはいえ、支配地域も広大になっていました。父が派遣された北京周辺地域には国民革命軍の中の、共産党軍である「八路軍」が展開していました。

彼らは農村に入り込み、その影響力を強めていきます。日本軍は大きな都市以外には、支配が及ばない状況にあったのです。ゆえに、都市を結ぶ鉄道、道路、通信施設の保持防衛は軍の重要な任務になりました。八路軍は得意なゲリラ戦で、その妨害をしたのです。

そこで、八路軍がどこそこの村にいるとの情報が入ると、出撃するのです。それに初めて従軍した父は、どう動いたらよいか分からぬ恐怖に襲われたそうです。自分の近くに飛んでくる弾は音が高く、遠いのは低いのだそうです。それさえも知らずに、戦闘に駆り出されました。

前列向かって左から２番目が父です

父は三八式歩兵銃で応戦。これに比べると、重機関銃の威力はすごかったそうです。これが火を噴くと、八路軍も逃げ出すことがあったと言います。だから、機関銃の撃手は安全だと思われるのですが、実は、戦死率が一番高かったのが彼らでした。なぜなら、敵の集中砲火を浴びるからです。

ある村を包囲した時、混乱という恐怖ではなく、実体のある恐怖に父は襲われます。耳のすぐそばを実弾が通り過ぎるのです。また、任務で移動中、いつどこから弾が飛んでくるかもしれない恐怖とも戦わねばなりませんでした。ゲリラ戦に追い詰められたのはベトナム戦争でのアメリカ軍だけではないのです。父に、戦争を日常とすることができない意識が芽生えてきます。

スパイ処刑

これからお話しすることは、父から聞いた話なのか、テレビドラマの1シーンとして覚えているのか、はたまた、その両方なのかが判然としないのです。そのことをお断りしておきます。

訓練から帰ると、初年兵は集められました。そこに、縛られた中国人が連れてこられます。

「これはスパイである。処刑するが、殺《や》る者は手を挙げろ」

突然、突きつけられる究極の選択。手を挙げれば人を殺さねばならず、挙げなければ全員がひどく殴られることはもう必然です。誰もが目を伏せました。

父は迷いながらも、それを振り払うかのように、思いっきり手を挙げました。「よし、お前殺れ」。父が立ち上がろうとすると、「お前じゃない」と上官。後ろに、立ち上がる気配。もう一人手を挙げた者がいたのです。この後どうなったのか、物語の続きが記憶されていません。そこで、父からの話なのか、ドラマの記憶なのか自信を持って答えられないのです。

この手の、殺人に特化した兵士をつくる訓練の眼目は、人間性を壊すことです。アフガン戦争やイラク戦争の時、米軍はこの訓練を、コンピューターシステムを使い、心理学を駆使しておこなっています。それを取材したテレビ番組を観たことがあります。まさに、異常な様であり、SF世界を超えた現実報道になっていました。今もおこなっていると思われます。

「犠牲の上に9条 手付けないで」

中国に出征

黒田千代吉さん(93)

中国南部に出征した黒田千代吉さん(九三)＝さいたま市＝も、護憲を訴える。

初年兵で四五年二月からの半年に約三千キロを行軍。十分な食料補給もなく、ただぬかるみを歩き続けた。栄養失調やマラリアで死ぬ兵士が出ると、手首から先だけ切り取って焼き、骨を持ち帰った。戦闘は一度もなかったのに、約千二百人の部隊で生き残ったのは約四百人だけだった。

ある日、初年兵が中国人捕虜の前に集められた。目隠しをされた捕虜を前に、上官が「誰か突け！」と叫んだ。返事がないと「上官の命令は天皇陛下の命令。聞かなければ銃殺だ」と言い、近くの兵士が空に一発放った。「黒田やれ！」と名指しされ、捕虜を銃剣で刺した。他の者も続いた。

「ひざが震えた。捕虜の姿を思い出して、しばらくは眠れなかった」

無駄な行軍、理不尽な命令を強いた軍上層部への怒りはいまも消えない。

「憲法九条は戦争で多くの人が亡くなったから作られた。平和を守ってきた神様です。九条には手を付けないでほしいと、衆院選の候補者たちに言いたい。中国で土になった仲間たちもそう思っていると思う」

2017年10月16日付東京新聞「こちら特報部」

ならば、当時の日本軍も「スパイの処刑」と称して、この訓練を広く、初年兵に課していたとしてもおかしくありません。ドラマになるほどに、多くの日本兵が経験した事実を父も私に語ったのでしょう。

予測できるのが、精神を病む兵がいたのではないかということです。千葉県の旧陸軍国府台病院（精神病）の医師たちが隠し残した診療記録があります。その資料から実態が明らかになりました。ある幼児を持つ兵は同年齢の子どもを突き殺した良心の呵責ゆえに発症しました。ある者は「勇敢」に中国人を殺す下士官が恐ろしくなり、またある者は死への恐怖から心を病みます。病は戦後も続き、多くは悲惨な一生を強いられました。

このような、抗することが難しい戦争の

論理に父の悩みは深まります。人間であることを放棄することが求められ、それを受け入れなければ、精神が安定しないのです。しかし、その安定は人間性を失うことで得られる安定です。父は、人間であり続けるために必要な決断を己に課します。

下士候を拒否

父は三夫と言います。ご推察のように、三男坊です。それゆえに、下士官候補生になることを勧められるというか、強いられることになります。

下士官候補生、略して「下士候《かしこう》」。下士官とは兵の中で、伍長、軍曹、曹長などを指します。最前線で、最も勇敢に戦うことを期待され、それに応えた兵士たちです。ですから、戦死率も高かったわけです。

ということで、これに次男以下が充てられたようです。旧民法では長男が家を継ぐことになっていたからです。今では長男が家を継ぐという慣習は薄れてはいますが、生き残っています。

父はこれを拒否しました。説得は続きましたが、なびかないと分かると、上官はスリッパで叩く、そのうちに、顔の形が変わるほどに拳骨で殴られてしまいました。しかし、そのお陰で「殺し殺される世界」から少し離れることができたのです。

上官の理不尽に逆らうことは勇気ではなく、不遜と捉えられ、死にたくないと言えば、臆病者のレッテルを貼られました。出征する息子が無事帰ることを祈ることが、若者が死なずに帰ってきたいと口にすることが許されない時代でした。信念を語れる自由、語ることを勇気と認め合える社会の重要性を思わされます。

工兵になる

工兵とは、建設土木技術などを有する兵で、道路・地雷原敷設、陣地建設、塹壕《ざんごう》掘りなど、さまざまな仕事をこなしました。父は、工兵志願の理由を「旋盤の仕事ができたからだ」と述べましたが、そうではなかったと思うのです。工兵も決して安全な仕事ではなかったのですが、双方が戦力を結集して戦う大作戦が日常でなかった中国戦線では、比較的、安全な仕事であったようです。そこで、工兵を志願したのだと思います。

旋盤工でしたから、銃兵器の修理調整が主な仕事、また、車両・機材の部品を作ることも多かったと言います。ですから、予想したように、父は連隊本部内にあって「兵隊」ではなく「工員」でいられたのです。

この時のものであると思われる写真がたくさん残っています。こざっぱりした服装でふくよかな顔が笑っています。まるで、旅行写真のようです。街で知り合った住人の娘さんの写真などもあります。公園に行き、仲間と寛《くつろ》ぐ姿もあります。昭和15～16年頃でしょう（11ページの写真）。

写真館の娘さんと記憶しています

もちろん、写真から受ける印象と現実はだいぶ違い、緊張の中にあったのだとは思います。しかし、最前線と比べれば、そこには平時の日常生活が息づいていたことも確かなようです。父は、ここでも「殺し殺される関係」の外に自分を置こうとしました。

最前線に兵器を届ける

昭和38年（１９６３）5月、川口市立原町小学校5年生は鎌倉に遠足に行きました。前日の夜、母が「お弁当にカレーボール入れるからね」と私に言いました。母の気遣いに幸せ感が膨らみ、そのまま、布団に包まれました。

遠足に行って、弁当の蓋を開けるのは楽しみです。しかし、その場所に死体が転がっていたらどうでしょうか。

父は入隊後も、旋盤をいじれることに幸せを感じていたのだと思います。持ち込まれる兵器を修理する仕事に充実した兵隊生活でもあったのでしょう。そんななか、修理した兵器を最前線に送り届けるために、トラックに乗り、昼過ぎに着きました。最前線に近づくに従い、静かなのですが生活感がなく、長閑さが伝わってこなかったと言います。命の安らぎがなかったのでしょう。

父が受け取った慰問袋の送り主です。
慰問袋とは戦地の兵士に向けて送られた袋で、手紙や写真、千人針などの武運を祈る品物が入っていたそうです

兵隊が見えてきました。丸太に座って、弁当を食べています。さらに近づいて気付きました。丸太に見えたものは死体だったのです。目を疑いましたが、紛れもない現実でした。もちろん、死体は中国人です。父は用を済ませ、逃げるように帰ってきたそうです。

この話を聞きながら、頭に浮かべた情景は今でもそのまま再現できます。私はそれほどショックだったのです。平常に異常が入り込み、異常が日常になる。

カレーボールの弁当は江ノ島の白い砂浜と5月の太陽のなか、いただきました。仲間や観光を楽しむ人々のく寛ぎこそが、似合う弁当です。

遠足や一品多いお弁当

南京虐殺実行者

昭和12（1937）年12月の南京虐殺の犠牲者数については諸説あり、数千人から30万人とその差が大きいのです。しかし、数ではなく、そもそも虐殺がなかったという人物が自信ありげに発言しだしています。さすが、それは通用しません。

父は次のように、南京虐殺の話を聞かせてくれました。中支（中国中央部。27ページの地図参照）から転戦してきた古参兵たちの話です。まだ、戦闘経験浅い父たちに、自分たちが修羅場を潜り抜けてきた、命知らずの勇者であると認めさせるがための話です。

父は詳しい話はしませんでした。それは話さなかったのではなく、話せなかったのだと思います。一つは、自分が経験したわけでも見たわけでもないから。もう一つは、子どもには話せないことも多かったのでしょう。父は人を殺した数を競い自慢し合い、誇示する彼らに異質なものを感じ取ったようです。

「殺す」にも色々あります。遠くの敵を狙い撃つ殺しと、目の前の人間を突き刺すという殺しと。

「この銃剣で何十人も殺した。まだ、その感覚が残ってんだ」

この場合、返り血を浴び、苦しむ顔を間近に見て、断末魔の叫びを聞いているのです。正常な人間なら、それらに悩まされこそすれ、自慢する気にはなれないでしょう。むしろ隠すはずです。父が感じたのは、正確には「異質」ではなく「異常」ではなかったでしょうか。

社会学者で平和運動家であった清水幾太郎が、経験した関東大震災を語っています。被災した中学生の清水少年は市川市国府台の兵営に収容されます。そこで夜中に見たのは銃剣を洗っている兵隊たちでした。ビックリしていると、兵士が「朝鮮人の血さ」と得意そうに言うのです。

ここにも、南京虐殺兵士と同じ異常さが表れ出ています。朝鮮人への差別意識と非常時に何が起きるか分からないという怯える心が過剰な反応を取らせている点です。流言飛語（根拠がないうわさ話）や差別意識が、恐怖ゆえに発する攻撃性を正当化しています。正当化に成功していますから罪悪感がありません。

南京と東京とで起きたことを上手く表現しているのがチャップリンではないでしょうか。「一人殺せば殺人者だが、百万人殺せば英雄だ」。確かに、兵士たちは英雄の称号を求め、自慢しています。

参考：『人間を考える』（清水幾太郎著、文藝春秋社）
　　　映画「殺人狂時代」チャップリン監督・主演

父が中国に派兵された時流は？

父が上京した昭和8（1933）年から派兵された昭和14（1939）年の6年間に起きた最重要な出来事は昭和12年の盧溝橋事件（27ページの地図を参照）です。この事件をきっかけに中国との戦争が始まりました。日中戦争です。父はこの戦争に駆り出されたわけです。

中国国内では蒋介石率いる国民政府軍と毛沢東率いる共産党軍の戦闘がおこなわれていましたが、日本が北支進出を強めると、毛沢東は蒋介石に抗日統一戦線を呼びかけ、昭和12（1937）年9月、盧溝橋事件の2か月後、協力して日本軍に対する態勢を採りました。

このような状況ですから、日本政府は戦時態勢の強化を進めます。その基本法が国家総動員法です。これにより、政府はいちいち議会の決議を経ることなく勅令（天皇の命令）によって、政治実行ができるようになりました。つまり、国会から立法権を奪ったのです。三権分立を否定する法律ですから、独裁政治の確立と言えます。

これ以降、戦時経済体制が整備されていきます。国民徴用令は国民を軍需産業に動員する法です。このようなか、財界は軍部との妥協の道を選び出します。戦争遂行を最優先する国民経済がつくられていきました。米の配給制や砂糖・マッチの切符制やぜいたく品の製造販売禁止などがおこなわれました。

労働組合は大日本産業報国会に集約され、戦争遂行のための組織に組み替えられました。そして、政党も解散し大政翼賛会に集約され、すべての国会議員が与党に組み入れられてしまいます。戦争最優先の国家態勢の完成です。

この間、治安維持法による、思想・信条・報道の自由を奪う事件が多発します。それを実行したのが特別高等警察（特高）です。自由主義刑法学説の滝川幸辰事件、天皇機関説の美濃部達吉事件、植民地政策を批判した矢内原忠雄事件、その他多くの学者が職を奪われるとか、著書の発禁処分を受けます。こうして、政府批判をさせずに、従うしかない状況をつくり、戦争を目的とする国家・社会に仕立て上げました。当初、共産主義のみに適用されていた治安維持法が自由主義や社会活動、宗教にも用いられ、弾圧されていったのです。こういう国家の動きによって、時間と体力と命を縛られる父の軍隊生活が準備されていきました。

伍長任官証がない

入隊して、中国に派遣され４年が過ぎた昭和18（１９４３）年、戦況は悪化の一途をたどっていました。敗戦への道は昭和17（１９４２）年のミッドウェー海戦から始まります。日本が仕掛けたこの海戦の目的はミッドウェー島を占領し、そこを足場にハワイを攻略し、アメリカの戦意を喪失させ、講和を持ちかけることだったと言われています。もう一つは、機動部隊戦力（空母）を壊滅し、本土空襲を阻止すること、つまり、日本国民の戦意が奪われないための作戦でもあったのです。

しかし、逆に、日本海軍はミッドウェー海戦に大敗し、赤城など主力空母４隻と経験豊かな戦闘機乗りを多数失い、太平洋の制海権、制空権を失うのです。

このことが、ニューギニア島東のガダルカナルの戦いの敗退（1943年2月）を引き起こします。この戦いの敗因は補給路を断たれたことだったのです。戦死者2万人のうち、１万５０００人が病死と餓死であったことがこれを物語っています。ニューギニア戦線全体でみても、送り込まれた20万将兵のうち18万人が死亡、餓死・病死が戦闘死を大幅に上回ったと思われます。

この太平洋での戦況の悪化は中国戦線にも大きな影響を与えます。南方に大軍を送り込まねばならないのですが、戦闘経験豊かな下士官がいないのです。そこで、中国派遣部隊の下士官を南

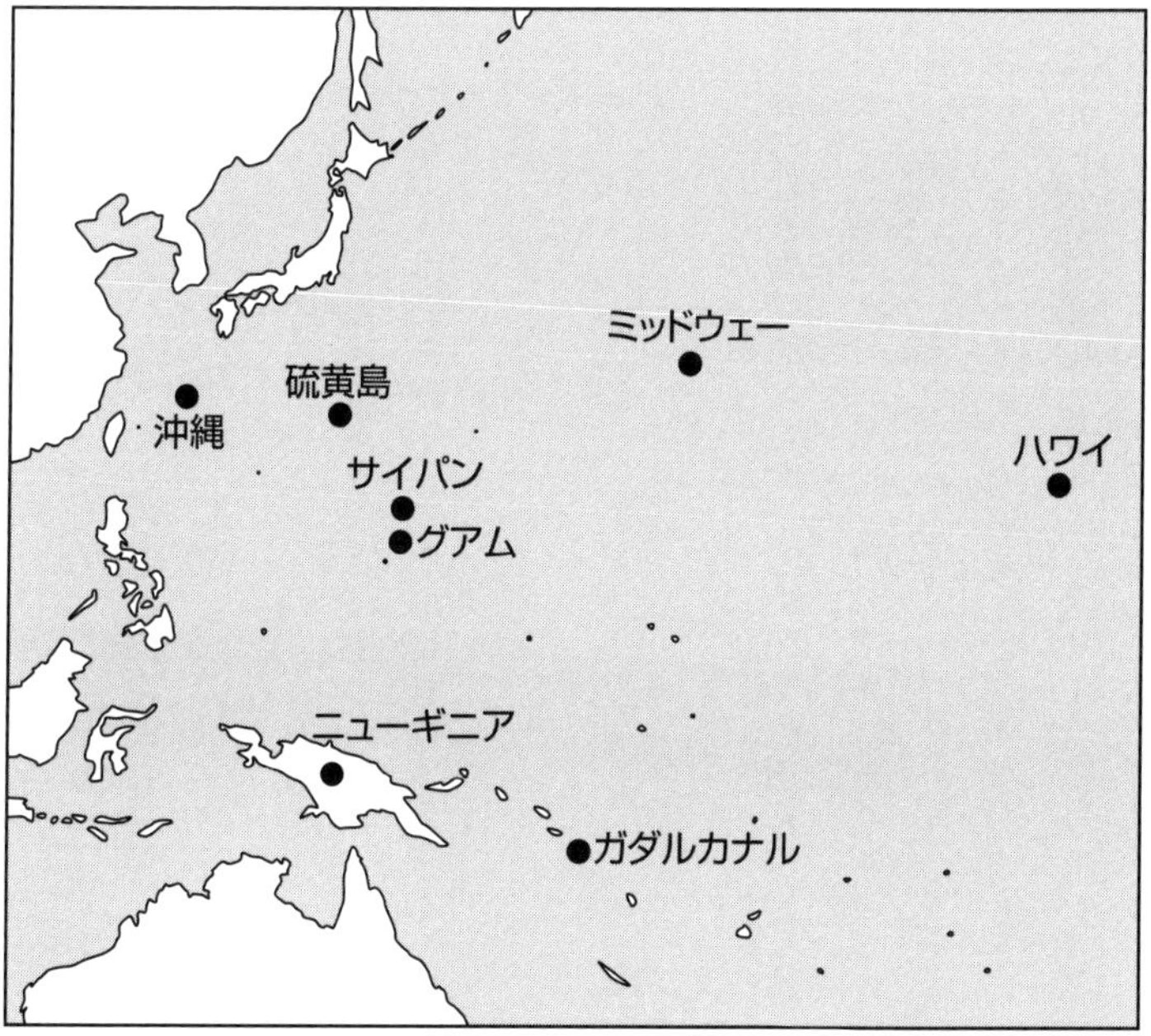
ミッドウェー
硫黄島
沖縄
ハワイ
サイパン
グアム
ニューギニア
ガダルカナル

方に送り込む動きが急になりました。

その昭和18年、父は伍長任官資格を満たす兵になっていました。仲間と共に、伍長任官証を手にしての、南方派遣が決まっていました。ところが、父の任官証だけがなかったのです。そこで、一人残ります。結果、任官証は届きましたが、本隊合流の道を断たれた父には一時除隊が許され、八日市場に帰ります。

このことが生き残るうえで、どれだけ幸運なことであったかは、言うまでもありません。私がこの世に生を受けられたのは、任官証を書き忘れた事務官のミスが大きく寄与していると言ってよいでしょう。

故郷では

一時除隊して、父は故郷八日市場に帰ります。この間の生活については、ほとんど語っていません。語るべきこともなかったのでしょう。しかし、故郷も戦争の激動の中にありました。

昭和15年（1940）年に着工し、18年9月に起動し始めた「香取航空基地」が地域の生活に大きな影響を与えていたのです。440ha、移転をした農家146戸に及びました。その後の兵舎建設などに使った土地は「国のため」と称して、ただで取り上げられたそうです。

移転農家の長男であったSさんの生活は困窮を極めたようです。Sさん一家は土地を接収され、現千葉市誉田に移転し、父親が臨時雇いになった農業試験場内に住みました。よそ者ということでいじめられたと言います。基地に翻弄された前半生をお聞きしています。

一方、移転を免れた住民にも過酷な生活が待ち受けていました。勤労奉仕に中学生も動員され、基地建設が進みました。そのなかで、土木工事を担当したのが受刑者だったそうです。その数は数百人。軽い刑の者は青、重い者は赤の服を着せられていたそうです。朝鮮人労働者も動員されました。

基地が稼動しだすと、もちろん騒音問題が起きました。これも正常な生活を奪いましたが、人々を脅かしたのは航空機事故でした。度重なる事故で操縦士はもちろん、住民も犠牲になったのです。

加えて、昭和19（１９４４）年11月からはＢ29の、さらに、20年２月からは艦載機による基地攻撃が始まります。そのたびに、一帯が戦場と化したのです。Ｓさんの奥さんの話では操縦士の顔が見えたと言います。それを裏付ける記事がインターネットにありました。それによると、上空１００メートルで飛んできたそうです。それは基地の防空体制があまりに貧弱で、米軍の脅威ではなかったからです。

「香取航空基地」で調べると、出てくる話はここから飛び立った特攻隊の話が目立ちます。どんな軍人がどんな作戦を練り、それに従った戦闘機乗りがどう勇敢に戦ったかが興奮気味に書かれています。昨今、同様の本・雑誌が多数出回っていることに違和感を覚えます。

この２枚は我が家のすぐ西側にある武器庫です

飛行機を収納するえんたい壕です。基地北側です

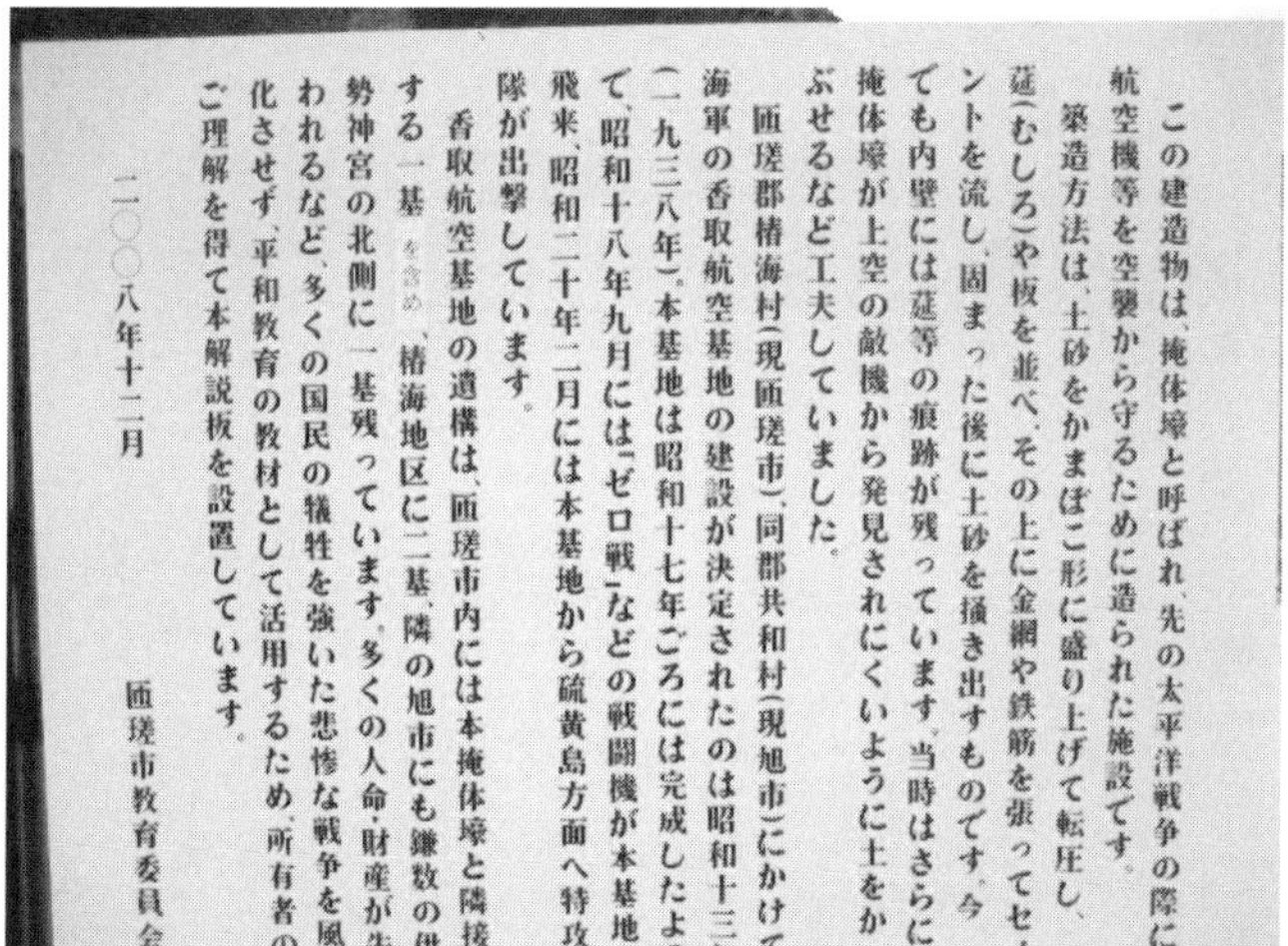
この建造物は、掩体壕と呼ばれ、先の太平洋戦争の際に、航空機等を空襲から守るために造られた施設です。

築造方法は、土砂をかまぼこ形に盛り上げて転圧し、莚(むしろ)や板を並べ、その上に金網や鉄筋を張ってセメントを流し、固まった後に土砂を掻き出すものです。今でも内壁には莚等の痕跡が残っています。当時はさらに、掩体壕が上空の敵機から発見されにくいように土をかぶせるなど工夫していました。

匝瑳郡椿海村(現匝瑳市)、同郡共和村(現旭市)にかけて、海軍の香取航空基地の建設が決定されたのは昭和十三年(一九三八年)。本基地は昭和十七年ごろには完成したようで、昭和十八年九月には「ゼロ戦」などの戦闘機が本基地に飛来、昭和二十年二月には本基地から硫黄島方面へ特攻隊が出撃しています。

香取航空基地の遺構は、匝瑳市内には本掩体壕と隣接する一基を含め、椿海地区に二基、隣の旭市にも鎌数の伊勢神宮の北側に一基残っています。多くの人命・財産が失われるなど、多くの国民の犠牲を強いた悲惨な戦争を風化させず、平和教育の教材として活用するため、所有者のご理解を得て本解説板を設置しています。

二〇〇八年十二月
匝瑳市教育委員会

現在、市教育委員会がこのような説明看板を立てています

Ａ農業高校勤務時代、袋の十字路に落ちた輸送機墜落事故のことを聞きました。住民２人が亡くなり、Ａ農業学校生徒が巻き込まれた事故です。このような住民の犠牲を見落としてはいけません。父はこの事故を覚えていました。この事故の後、また、召集を受けます。

再び召集、伊豆大島へ

伊豆大島での任務がいつから始まったのか、正確には分かりません。しかし、昭和19年正月前後ではないかと推察されます。不思議なのは、大島での写真が一枚も残っていないことです。それは写真フィルムがなかったからではと思います。

父は高射砲を設置し、管理する任務のために送られました。もちろん、東京に向かうＢ29を撃ち落とすためです。そこで土台が完成し、設置されましたが、一機の成果もないまま、終戦を迎えます。情けない話ですが、なかったのはフィルムだけではなかったのです。鉄筋がなく、土台はセメントと砂だけで固めました。その結果、高射砲が傾いてしまい、端から撃てなかったのです。

そうすると、もう仕事はありません。南方の島とは違い、本土に近いわけですから、人や物資の移動は安全におこなわれました。だから、食料に困ることがない、というか、大島は比較的豊かな食糧生産がなされていたようです。牧場があり、毎日牛乳を飲んだそうです。

ここで怖い思いをしたという話は聞いていません。高射砲を撃ちませんから、激しい集中爆撃を受けません。東京空襲で余った弾薬を落とされるか、艦載機の機銃掃射だけで、戦場に比べれば静かな生活の中、客観的に戦争を見ることができたようです。そして、戦争の終わりが近いと思わされるのです。

この写真は一時除隊時のものだろうと推測しています。この後、伊豆大島に向かいました

船を見送る

伊豆大島で、比較的恵まれた軍隊生活を送っていた父も泣いたことがありました。昭和19（1944）年、続々と、南方に兵士が送られました。その船は伊豆大島に寄港してから太平洋に出て行くことになっていたのです。

父たちはその船の兵士たちを出迎え、世話することも任務としました。どの兵士も暗い顔です。無理もありません。生きて帰れる可能性はきわめて低いことは皆さん知っていたでしょうから。

任務に就いた父がまず気が付いたのは、年配者が多いということでした。40歳代と思しき方が目に付いたと言います。これは、私の知人である聖子さんの話と符合します。彼女の父親が昭和19年に39歳で召集されています。

その話になったときに、ご主人の元治さんが現在の千葉市誉田で、驚いたことを話してくれました。近くに兵隊が駐屯していたそうです。彼らが帰ってきて、組み合わせて立て掛けた銃を見ると、本物の銃は2～3丁しかなかったと言うのです。父が次に気付いたのもそれでした。彼らは銃を装備しておらず、木銃（銃の機能はない）があてがわれているのです。もちろん銃剣もありません。既に、人数分の銃さえ揃えられない軍国日本だったのです。

本当にそうであったかどうかは分かりません。しかし、父にはそう見えたのです。そうだと知ると涙が自然に出てきたと父は言います。戦闘の恐怖を知っているゆえに、丸腰で戦わされる彼らの運命を思ったのでしょう。確かに哀れであり、無慈悲です。昭和19年、既に、無謀、無意味な戦になっていたようです。現に、歴史はサイパン、グアム、硫黄島の玉砕をもたらしました。死なせる必要のない命です。ちなみに、聖子さんの父君は九州から歩いて帰ってきました。終戦後、一年が経っていました。

東京大空襲

サイパン陥落後、Ｂ29の空襲が常態化していました。高射砲再設置の命令が下りました。工夫の結果、何とか実戦に耐えられるようになったそうです。

しかし、高射砲がＢ29を落とすことは難しかったのです。Ｂ29は１万ｍ上空を飛び、高射砲は８５００ｍまでしか射程されませんでした。成果がないまま、Ｂ29を東京に送り込んでいた、そんなある夜、Ｂ29が次から次と北に向かいました。昭和20（１９４５）年、３月10日の東京大空襲の始まりです。

父の第一声は「きれいだった」でした。何十万人が逃げ惑い、一夜にして10万人が命を奪われたことは知っていました。しかし、父の感想が不謹慎だと私は思わなかったのです。この時のことを母も語りました。母は荒川を挟んで隣の埼玉県川口市から赤々と燃え上がる光景を見ていました。実は母もこの時、大変なことになっていると実感していないのです。

ことの重大さに気付くのは、翌朝、東京から焼きだされ、北に向かう人々が流れ込んできてからでした。それでも、男たちは、東京下町に「見物」に行っているのです。帰ってきた男たちの話を聞いて震える思いをしたのですが、母は、次は川口がやられると思いつつも、変わらぬ日々を、また、始めます。

これって「なぜ」って思うのですが、実は、同じではないかと、わが身を振り返り認めざるを得ません。東日本大震災と福島第一原発事故、これをどれだけ自分のこととして受け止めたでしょうか。確かに心が動き、支援金を送らせていただきました。しかし、日常の生活を乱されることはなく、自ら乱れることもないのです。我々も後世の人たちに、いぶかられるかもしれません。

東京大空襲を見た位置は北と南で違いますが、同じ赤い空を見た兵士と娘が、戦後、出会います。兵士は旋盤工として、娘は事務員になって。舞台は私が生まれた埼玉県川口市です。

戦後は川口市へ

戦争体験者の多くが語る、昭和20（１９４５）年8月15日の話を、なぜか父はしませんでした。

とにかく「忍びがたきを忍び、耐えがたきを耐え」の詔勅で、戦争は終わりました（この日以降も多くの日本人が死んだことを忘れてはいけませんが）。

父は埼玉県川口市で旋盤工として働きだします。なぜ川口だったのか。父は語りませんでしたが、川口が工業都市だったからと納得していました。しかし、そうではないなと、ずっと後に私は気付きます。浦和に姉（伯母）がいました。しかも、義兄は中国東北部在住中に現地召集され、帰ってこないままでした。本当は浦和が目的で、その近くに川口があったのです。

川口は荒川を挟んで東京北区と足立区に接しています。工業都市でしたから、当然、空襲の標的になってもおかしくないのですが、大規模な空襲を受けませんでした。そこで、鋳物工業を中心として、周辺産業も健在だったのです。父は「角田研磨」という会社に就職します。

そこから、頻繁に浦和に通いました。従姉妹たちがそう証言します。まだ、幼かった彼女たちにとって父は、父親に代わる頼もしい存在だったのです。父が結婚し、伯父が帰ってきた後も、それは変わることなく、私たちもよく浦和の家にお邪魔しました。

伯母は看護婦をしている時に、その仕事ぶりに感心した伯父の両親が嫁に選んだと聞いています。四女を授かり、穏やかな夫と静かな生活でしたが、50代半ばで亡くなります。その時の父の落胆ぶりは気の毒なほどでした。

その後、我々が川口を去ったこと、皆が嫁いだこともあり、年賀状だけの関係になっていましたが、最近、私のブログを読んでいるとの連絡が入りました。

角田研磨本社社屋です

昭和22年に結婚する

昭和22（１９４７）年に、父は職場の事務員であった母と結婚します。父27歳、母は20歳でした。互いに、何を決め手に相手を選んだのかは子として、大いに関心があるところです。

父は次のように言っています。

「午後の仕事が始まってしまうので、弁当箱を流し台に放って置いたら、洗ってあった。後で確認したら、それがお母さんだった」

母に確認したら、「誰のお弁当箱か知らなかったよ」とのことですが。

結婚を報告すると上司は「福原さんは目が高いね」と言われたと母は言います。福原は母の旧姓です。

　父は仕事が終わると、旋盤に付いた切子を拭い取り、油を注《さ》して上がったそうです。また、欲しい工具があると、仕入れるように求め、断られると自腹を切ったと言います。この人なら、信用できると、母は父の申し出に応じたのでした。

　母は川口出身で、新婚当初は母の実家に住みました。8人家族の中に、父はマスオさんとして加わったのです。結構、つらい立場です。だからでしょうか、父は借地にオンボロ屋を建てます。ガラスが買えず、筵を下げたとのことですから、相当なものです。近所は「ありゃ、乞食だな」と馬鹿にしたと言います。

　そんな生活の中で上の姉が生まれます。戦後の混乱期、物資がないなか、相当苦労したことは間違いありません。しかし、母の実家は一切の援助をしないまま、そのことを父は生涯恨んでいました。援助しなかったのか、できなかったのか、祖父母に考えがあったのか、そこは分かりません。しかし、父が「今に見ていろ」と思ったことは間違いありません
　父は強い人間ではありませんでした。むしろ、自分の弱さを知っている人でした。強気で人に接することも、粋がることもなく、見せ掛けを嫌う人でした。汚れた作業服で電車に乗ってしまい、集金に行ったことがありました。乗客は、みすぼらしい工員の近くには、誰も座らなかったと笑う人でした。しかし、自分に課した目的を実行することに関しては、成し遂げる強さを持っていたように思います。

姉が栄養失調に

上の姉は昭和23（１９４８）年の夏に生まれました。体重は２２００グラム台と記憶しています。ちなみに、弟が（昭和32年）３２００台です。社会の復興に比例して、大きく生まれ出ています。

母は母乳があまり出ませんでしたので、仕方なく、米の研ぎ汁を飲ませていました。当然、栄養は足りません。医者に見せたところ、栄養失調と診断されます。顔色を変えた父は、闇の粉ミルクを探し求めますが、それさえありません。そこで、牛乳工場に行き、直接談判して、話をつけたと言います。私は、この話を聞いた時は「大変だったなぁ」ぐらいでしたが、今は、子に腹いっぱいミルクを飲ませてやれない若い夫婦の切なさに胸が熱くなります。

レストランで家族連れを見受けます。ご馳走にはしゃぐ子どもは可愛いものです。そして、それをたしなめながらも、父親の顔から子への愛おしさがこぼれ落ちます。

「現代社会」の授業で「幸せに関するアンケート」を生徒から集めたことがあります。その一つ、「将来、あなたはどうなれば幸せですか?」の回答に「俺の稼いだ金で、嫁や子どもがうまいものを食べ、良い物を買って喜ぶ姿を見たら幸せ」というのがありました。この文から、この子は何度も、父親に喜ぶ姿を見せてきたのだと分かります。その時に、父親の満足そうな、幸せな表情を見逃さなかったのです。

父の無念と自責の念を想います。父はその時に戦争を恨む余裕さえなかったでしょうが、私は恨みます。庶民のささやかな幸せさえ、根底から覆すのが戦争です。しかも、質が悪いことに「国民の生命と財産を守る」ことを理由に、戦争は始まるのです。

酒を売る

子どもの頃、父は虚弱体質でした。しかし、入隊すると頑強な体になり、酒も覚え、というか、酒に強い自分に気付いたようです。その後、一時期を除き、生涯酒を愛しました。若い頃は一升酒も何のその、翌日、働いていました。最初のがんが食道がんでしたから、酒が原因と疑われます。

その酒を飲まなかった一時期とは子が産まれ、独立するまでの期間です。当時、酒も配給だったそうで、それを飲まずに売ったと母から聞きました。一台の旋盤を買うための資金を貯めるための決断です。そうして、買い求めた旋盤から、父の挑戦が始まりました。

確認したわけではないのですが、最初は、独立と言っても一人で、下請け仕事をしていたのだと想像します。しかし、これでは職人と同じと気付き、独自の製品製造を始めなければと痛感するようになったようです。後年、不景気になると、「下請けはつらいだろう」と言っていたことを覚えています。

では、何を造るのか。考えた結果、減速機との結論に達したのです。しかし、同じ独立の意志を持つ仲間も同じことを言ったので、父はそれを断念し、「じゃぁ、俺はプレス機械製造だ」ということになったと聞きます。

今思うと不思議なのは、尋常高等小学校しか卒業していない父がどうやって図面を引き、設計図を作ったのかということです。昨年、私の還暦記念事業の一環で、家の不要物を捨て、身軽になろうとした時に、父が描いたプレス機械の設計図が一束出てきました。

考えられるのは、軍隊にいた時です。工兵の中には、教育を受けた先輩もいたことでしょうから、手ほどきを受けた可能性があります。しかし、意志の強さがなした業だったのでしょう。覚悟が人を飛躍させることは稀ではありません。もちろん、その設計図は捨てずに保管しています。

独立の理由

母は父が亡くなってから、幾つかの同じ話を繰り返し言うようになりました。その一つが、父が独立を決心した理由に関する話です。

当時、職人や農家の子が大学進学するというのは稀なことだったのでしょう。父の兄弟姉妹にもいません。長兄は旧制中学に進学しましたが、元気が良すぎて、自主退学を勧められたと聞きます。後の伯父からは想像ができません。次女の浦和の伯母は看護学校卒業、あとは皆小学校卒だと思います。

ここにも、時代が色濃く反映しています。兄姉たちが上の学校に進学したのは昭和大恐慌の前なのです。祖父は農業と材木商を営んでいましたが、恐慌で、材木商を廃業、田も山も相当手放

後列向かって左端が自主退学を勧められた長兄の衛。中列は、直蔵じいさんとせいばあさん

したと聞きます。父が東京に出た昭和８（１９３３）年はその真最中だったわけです。

父は職人の子では大学にはやれないと、独立を決心したというのが母の話です。おかげで、大学にやっていただき、私は教師になれました。親不孝ばかりの私ではありますが、最近、教師になったことは親孝行だったのではないかと思うようになりました。「大学を出したことで、生きる術を得させた。自分が見越したとおりになった。成功、成功」と思ったのではないでしょうか。

父は、結構な「策略家」でした。昭和51（１９７６）年に廃業した時に、「すべての財産を失った」と言ったのです。私も「そうだろうな」と思いました。両親は朽ちかけたような家に引っ越しました。だから、私は家を建て、両親を呼ぼうと貯金に励んだのです。

ところが４年後、父から電話で「家を建てた。お前の書斎も作ったぞ」との連絡。唖然としました。これ、今から思うと作戦です。無一文になったと言ったのは、仕事と貯金に励ませようとの遠謀深慮です。さらに、「隣に売地が出たから、お前が買ってくれ」ときました。畑に使うと言うのです。ならばと、買いました。

この時既に、手元に呼ぶ計画だったのです。私の結婚後の新居用に、私の金で買わせたのです。しばらくして、「こっちに来い」との命令が出ました。自分では自分で決定してきたと思うことが、実は、父の思惑の網の中に収まっていたと、今、思うのです。

弟も大学を出なければ就けない職を得ました。このことで父が満足の酒を飲み、策謀家としての成功に、ほくそ笑んだことでしょう。

父の戦争はいつ終わったのか

子どもの頃、上野公園に入ると、白い入院服を着た傷痍《しょうい》軍人の一団がいました。両手両足を失った人はそれをすべて地面に立てています。近寄りがたくも、その姿に心が痛みました。すると、父が私に十円玉を握らせたのです。その時は、私の想いを察してくれた父が大きく見えただけでした。しかし、55年後、まったく違った気付きをするのです。父は同じ戦争体験者ゆえに直接、施せなかったのです。五体満足で帰ってきた後ろめたさからです。

また、父は彼らの矜持への配慮もしていました。私の後に、母に千円札を渡しました。子どもから高額な施しを受ける彼らの気持ちを慮《おもんぱか》ったのです。平成25（2013）年、会員の減少と高齢化を理由に傷痍軍人会は解散しました。これで戦争は終わったのでしょうか。

晩年真夜中、父は電気も付けずに座っていることがありました。反人間的戦争体験が安眠を妨げていた可能性があります。確かに、老後と呼ばれる年齢に達した人間なら誰でも、罪を意識させる過去の一つや二つを持っているでしょう。

汚れきし心に痛き福寿草

しかし、戦争体験が他の体験と違うのは、「逃げようのない罪」を突きつけられることではないでしょうか。「自分が未熟だった」「愚かだった」「浅はかだった」では済まない、自分の中にある「根源的な悪」を突きつけられる経験、それを認めざるを得ない体験を戦争が強いる事実は重いと思うのです。

父の戦争は、身体的には、終戦の詔勅で終わったのでしょう。経済的には、会社の基盤も出来上がり、信用も高まった昭和35（1960）年には終わっていたかもしれません。しかし、精神的にはどうだったのでしょうか。

父は、今まで申し上げたように、生き地獄を経験しないで戦役を終えました。玉砕の島で奇跡的に助かった、そんな戦争経験者ではないのです。しかし、人間が何をしでかすか分からない本質を持っていることは見せつけられたし、自分の中にも発見したに違いないのです。

「いい経験をしたではないか」という人がいたならば、人間の悪を見詰めたことがない、計算だけで世の中を歩いてきた人です。言い過ぎかもしれませんが、そうした人が戦争を引き起こすのではないかと言いたくなります。

戦争は「殺すか、殺されるか」を選択させます。どちらも選べません。しかし、この選択を迫られたら、「殺す」を選択しかねない自分が見えます。それが恐ろしくて、戦争は絶対ダメと言っているようなものです。「殺す」選択を誰もが責めない、それを日常にしてしまう状況と、その反人間性に慄《おのの》くのです。

戦争への疑問批判は多くあります。その中で、戦争の本質を簡潔に言い当てているそれをご紹介させてください。

「原子戦争に勝者はいない。いるのは敗者だけだ」　シュバイザー（フランス人）
「戦争では、善い人から順に死んでいった」　作家　五木寛之
「戦争は罪悪だ」　浄土真宗僧侶　竹中彰元
「戦争は集団殺人。人に当たらぬように鉄砲を撃つこと」　浄土真宗僧侶　植木徹誠（俳優植木等さんの父）

父は昭和53（１９７８）年、59歳の時、プレス製造会社を解散します。その後は故郷八日市場市で生活を始めました。旧お得意様からの修理依頼に応じ、家庭菜園で30種類以上の野菜や芋、そばなどの栽培や草花園芸を楽しみました。10年以上穏やかな生活を送った後、72歳で食道がんの手術を受け、一命をとりとめましたが、79歳で顎と脊髄にがんが見つかり、抗がん剤投与や大手術、その後の放射線治療の効果なく、平成11（１９９９）年11月3日に亡くなりました。

父の死は私の人生に大きな影響を与えました。それは生き方の変更にまで及び、私の早期退職の原因の一つになったのです。

私は、父の闘病期に、詠んだこともない短歌を作っています。そうしないと精神の安定を保てなかったのです。その短歌を紹介させていただきます。平成31（２０１９）年は父生誕１００年、

20年祭（神道の法事）にあたります。

一坪に満たぬ寝床に命置くされど息づく八十《やとせ》歳の響き

温めて聴診器を当てる医師父南無阿弥陀死を受け入れる

父の眼に再び問えば生きる意志ただ一粒の巨峰に託す

涙する父の命に残れしは痰取りの苦とそれで終わる苦

父の死に挨拶でないありがとう初めて放つ己に気付く

弔いの客涙する真実に父の偉さを死後知る愚か

3章　戦争と文化

究極の選択

毎日は、細かく見れば、数百の選択が作り上げています。「何を着て出かけようか」から始まり「昼はどこで何を食べるか」、仕事に関わる判断選択など、数知れないはずです。しかし、そのことを意識せずに、生活しているのが普通です。

15年ほど前ですが、そこを突いて驚かせる言葉遊びが小中高生中心に流行りました。「究極の選択」です。生徒たち数人が、ニコニコ顔でやってきて、

「これから、二つの選択肢を示します。どちらかを選ばなければいけません。いいですね」

彼らの顔はニコニコ顔から、いたずらっぽいそれに変わっています。

「では、うんこ味のカレーとカレー味のうんこ、さあ、どっちだ」

驚きました。「うんこ」という言葉です。この言葉、そうそう使う言葉ではありません。家庭でも小さな子どもがいなければ使わず、大人社会では、使うことを憚《はばか》る風もあります。それを

大胆に高校生が二度も続けて使ったわけですから、戸惑ったわけです。

「さあ、先生、どっち」

心をのぞき込むような視線が私に集まります。ここは、彼らの期待に応え、困った顔をすることにしました。

「うんこ味の、カレー味の、うん〜」

生徒たちは楽しそうに笑います。この時既に、答えは決まっていました。

「カレー味のうんこ」は、すなわち「うんこ」であり、うんこ味のカレーは「カレー」です。もちろん、どちらも嫌ですが、どうしても選べというなら自ずと決まります。

生徒たちは「どっち」とせかします。あまり悩むと決断力のない教師と思われ、信頼も失い兼ねないとの職業意識が働きました。

「うん、決まった。うんこ味のカレーだ」

するとつかさず、「どうして」ときましたから、理由を理路整然と述べ、教師の「威信」をかろうじて保ちました。生徒たちはそれぞれの立場で話しかけてきて、大盛り上がりのうちに昼休みは終わりました。

この選択は、どちらも厭だという点で、確かに「究極の選択」です。しかし実際に、これを強制され、食べさせられる事態に巻き込まれたら、選択できます。その意味で究極の選択ではありません。

ところが、どうしても、選べない「究極の選択」があります。それは「殺すか殺されるか。さあ、どっちだ」というそれです。これを迫られたなら、威厳も威信もへったくれもありません。辺《あた》りかまわずに、泣きわめくでしょう。これぞ「究極の選択」です。しかし、有難いことに、私はこれを迫られることは、今までもありませんでしたし、これからも、無いことを願います。

２００３（平成15）年、明石家さんま主演「さとうきび畑の唄」というテレビドラマが放映されました。この年の文化庁芸術祭大賞を受賞しています。同名の森山良子さんの歌がありますから、お分かりでしょう、舞台は１９４５（昭和20）年の沖縄戦です。

主人公は現地招集を受け、この戦争の中に放り込まれます。分隊規模で移動中、怪我をした米軍パイロットと遭遇、上官は主人公に撃ち殺すことを命令します。しかし、躊躇し、できないでいると、「貴様、それでも、大日本帝国軍人か」との罵声を浴びせられます。すると主人公は、「私はこのようなことをするために生まれてきたのではありません」と泣きます。その後、上官の拳銃がアップされ、カメラは空に向けられ、しばらくしてから、銃声がして、コマーシャルに。コマーシャル後、沖縄戦が終結した収容所での主人公家族の会話に移ります。主人公は戦死していました。では、あの銃声は主人公がパイロットを撃ったそれなのか、それとも、上官が主人公を撃ったそれなのか？　主人公は、まさに「殺すか殺されるか」の究極の選択を迫られたわけです。

実際の戦場でもこれに類した「殺すか殺されるか」の究極の選択が展開されたのでしょう。まず、普段ありえない「究極の選択」が活気づくのは、戦場に違いありません。どうしても、選べない究極の選択、それを強制される怖さは、日に、何百もの選択をし、形作る生命の営みを途絶えさせられるそれです。「殺される」を選べば、肉体の死を結果し、「殺す」選択は精神の死への誘いです。肉体の死か、精神の死か、選べるわけがありません。人間の尊厳＝誇りを否定すると言わずに、何と言うべきでしょうか。

人が人間でいられる条件は!?

教育基本法は、第一条・教育の目的に、「自主的精神に充ちた心身ともに健康な国民の育成を期して行わなければならない」と宣言しています。「心身ともに健康に生きたい」は人間お互いが確認し認め合える欲望の一つです。「殺すか殺されるか」の選択を迫ることは尋常なことではありません。

沖縄戦では「ありとあらゆる悪と悲劇が繰り広げられた」と言われます。殺人、略奪、放火、強姦、裏切り…。生き残るためになりふり構わぬ欲望をさらけだす、怒りと恐怖に狂った人たちがうごめき合う地獄であったわけです。戦争は、考えられるすべての悲劇と、考えも及ばぬあまたの悲劇の集合であり、ひっくるめて狂気です。

戦争が怖いのは生物としての命が奪われることです。しかし、戦争の本当の怖さは、人間に絶望させられることではないでしょうか。非情にも迫る究極の選択を繰り返す戦争＝地獄には自分への、否、人間への絶望が待ち構えている。それが戦争の怖さの本質に違いありません。

こう言うと、「あんたは性悪論者か」（人間の本性は悪であるという考え方）と言われそうです。「性悪説か性善説か」という議論をしているのではありません。事実を述べているのです。善悪を、鶏の雛の雌雄を分けるのと同じように、分けられるものではありません。さらに、この人は悪人、あの人は善人ときっぱり分けることも難しいでしょう。しかし、こんな状況ならば善人でいられ、あんな状況では悪人になるしかない、そうは言えるのではないでしょうか。

長禄３（１４５９）年から寛正２（１４６１）年に、水害と干ばつが交互に訪れ、害虫が発生し、大凶作となりました。さらに、戦乱がそれに拍車をかけ、後に寛正の大飢饉と呼ばれる非常事態になります。

京都には、周辺から難民が押し寄せました。時宗の僧侶の願阿弥らが救済活動をしましたが、８万２０００人が死にました。死骸であふれる洛中は悪臭が漂い、鴨川は死体が流れを止めるほどだったと言います。そのなか、将軍足利義政は適切な対応をせず、見かねた後花園天皇の諫言にも耳を貸さず、惨状は続きました。

どうでしょうか、想像してみましょう。この惨状のなかにいたとしたら、私たちは、何もないかの如く、無関心でいられるでしょうか。自分は衣食住に困らないからと、穏やかな日常を満喫できるでしょうか。笑顔で家族そろって食事ができるでしょうか。社会全体の安定があってこその我が家の平穏です。

時代は下り、江戸中期天明期（1782年から1788年）の大飢饉の話です。東北地方青森弘前藩では、８万人が餓死病死し、領民の3分の1が命を奪われました。藩が大坂に年貢米を送ることに反対し、一揆を起こしましたが、回漕してしまったのです。

これにより、備蓄米も奪われた農民たちは家畜、犬猫にまで手を付け、飢えをしのぎました。津軽を旅した橘南谿は『東西遊記』で「秋田から津軽に入った街道脇には白骨が散乱し、京都で聞いていた飢餓の惨状の百倍もすさまじい状況である」と述べています。また、高山彦九郎は南部領の様子を『北行日記』で「村には一人も見えず、家々は傾き、中には白骨が散乱していた」と記しています。

治安が悪化し、強盗・放火が繰り返され、惨状に火を注ぎました。助け合うという知恵や慈悲が働くわけもなく理性を失い、互いの尊厳を傷つけ合ったのです。津軽に伝わる話です。ある家の婆様が死にます。家族がそれを食べていると、隣がやってきて、「右足一本分けてくれ。うちの爺様が逝ったら、返すから」…。

こうしてみると、人が人間でいられる条件が見えてきます。それは肉体と理性を極限状態に置かないことです。私たちは「人肉相い食らう」ことを受け入れられないと思います。しかし、それは年間６００万トンの残飯を出す飽食の時代を生きているから言えることでもあります。カロリーベースで食糧自給率38％の日本です。もし、世界的食糧不足が起きて、輸入ができなくなり、飢えが極限に達した時、あなたは「人相食らう」その人にならない自信がありますか。私はその自信はありません。

戦争の対義語は？

人が人間であるための条件が肉体と理性を極限状態に置かないこととしました。ならば、我が日本は少なくともこの50年間、文化国家であったと言えます。食糧の社会的総量不足という事態がなかったからです。「なぜ、そうならば文化国家なのか」それはこうです。

人は戦場やその周辺で、また、飢餓地帯では何を仕出かすか分からないことは既に述べたとおりです。その中では、神も仏もあるものかと嘆いている暇さえないのです。次の瞬間、人の物を盗み、騙し、奪い合いから、人を殺めるのです。人々は自ら尊厳を失い、他者の人権を奪うのです。

この状態を、誰も望む訳がありません。むしろ、信頼し合える関係の中に身を置こうと思うものです。ですから、人間は日頃から、知恵を絞り、技術を向上させ、生産力を高め、決まりを作り制度として恒常化し、飢饉や争いを避ける努力をしてきたのだと思います。日本はこの点から、50年間、文化国家であり続けたと言えると思います。

これらの努力が文化の本質です。文化とは「人間が理性、尊厳（誇り）を失わないための知恵工夫が生み出した技術や制度などの共有財産と、それらを作り出す努力」です。この努力への意思は、己が醜さをさらけ出す、他人の醜さを見せ付けられる恐怖から生まれます。善人でいたいがための文化です。

逆に、悪を誘い出すのが戦争です。理想はきれいごとに過ぎないと、戦争は思い知らせます。人間の尊厳などたわごと、生き残ってなんぼだぞと悪へと誘うのです。ならば、悪へと誘う戦争の対義語は「平和」ではなく、善に繋がろうとする「文化」でいいのではないでしょうか。ならば、空腹ゆえ人々が理性を失うことがないように、土に塗《まみ》れ食糧を生産する農民は文化人です。

そして、戦争放棄を宣言する日本国憲法こそ最高の文化です。ですから、これを変えようとすることは反文化行動と言わなければなりません。政府は国民の生命を守ると言います。しかし、その責務をより能《よ》く果たすのは戦争ではなく文化なのです。ちなみに、父は文化の日に亡くなりました。そこに、父の戦争には服さない、抗う意思を感じてしまいます。

4章　戦争と平和小文集

以下は、筆者が教員退職後に新聞や雑誌に投稿した小文です。一次・二次安倍政権への不安が書かせたものが中心です（なお、掲載された文に手を加えております）。

「上を向いて歩こう」を国歌に

１９９９（平成11）年、国旗・国歌法が制定されました。「上を向いて歩こう」を国歌にすることが、戦後日本にとって、似つかわしいと思っていた私は、「遅かったのかい」とこの曲に呟きました。

天皇から、２００４（平成16）年秋の園遊会で、「（君が代・日の丸が）やはり強制になるということでないことが好ましいですね」との言葉を賜った米長邦雄氏が教育委員を務める東京の教育現場で、「君が代・日の丸」の強制がおこなわれています。教育基本法改悪、戦争の放棄を定めた憲法９条の放棄への動きなどを見せ付けられると、「上を向いて歩こう」を国歌にしたいという思いが蘇ってきます。

何が似つかわしいかと言えば、国民的愛唱歌にして応援歌であり続けていること、世界数十か国で発売され、外国人にも知られていることです。そして、流行歌を国歌にすることで、野暮な戦前の侵略戦争推進装置（靖国神社も）を清算し、アジア諸国に対して、日本があの戦争を否定し、反省し、粋な新国家を築いてきたのであると、改めて、アピールしたいからです。アピールしたからには、その様に動かないわけにはいかなくなるでしょう。

永六輔さんは60年日米安保条約締結を悲嘆して、この作詞をしたと聞きます。連日、国会前に行き、抗議の声を上げたそうです。この締結は憲法9条の後退を決定づけるものでした。そんななか、樺美智子さんが亡くなります。怒りにも似た悲しみが生んだ詩です。

その後、日本は高度経済成長を本格化させます。国歌を歌い聴くたびに、経済成長を遂げる前の敗戦の混乱に思いをはせ、戦後の原点に帰ることができます。

（しんぶん赤旗２００６年５月７日）

文民を統制する時代になった

移転反対運動が盛り上がるなか、普天間基地移転に絡む海洋調査と称して、海上自衛隊が辺野古沖に出動しました。

仲井真弘多沖縄県知事は「何のために来るのか分からない」と不快感をあらわにしました。海上自衛隊関係者は「防衛相の命令に従うしかないが、自衛隊に民間業者のような環境調査経験はない。海上保安庁がおこなう警備もできない」と戸惑いを隠しません。さらに、防衛省幹部も「施設庁による自衛隊の出動要請は聞いたことがない」と怪訝な顔だったといいます。

海自・防衛省幹部の戸惑いが知事の発言の正しさを裏付けています。知事の不快感は、反対運動に対する治安出動という脅しをかけてきたと、受け取られることを承知で、政府が発動したからでしょう。しかも、国民を守ることを任務とする自衛隊を使う程の暴走ぶりです。

戦前軍部の暴走を許したことを反省して、文民統制（文民が武官の暴走を統制する）が原則化しました。それを揺ぎないものとして、国民は受け取ってきました。しかし、暴走するのが、武官ではなく、文民たる内閣という想定はなされてこなかったのです。文民統制が原則である以上、武官は従います。政府＝文民を統制せねばならぬ危ない状況なのに、国民が、政府の暴走を認めているかの様子に更なる危機を覚えます。政府をコントロールするのは国会・国民以外にありません。

（朝日新聞「声」２００７年５月22日）

文民が武官尻目に暴走す

沖縄慰霊の日、温度にも格差

梅雨の晴れ間となった6月23日、夏の心地よい風に誘われて自転車で九十九里浜まで出かけたくなりました。昼、楽しんで家に帰ると、沖縄慰霊式典の模様が放送されていました。沖縄県知事平和宣言の後、麻生首相は挨拶文を読み上げます。まさに、棒読みでした。詩を解さない下手な歌手のようで、しゃべる家電品の、想いを欠いた録音を連想させました。官僚が作った原稿でしょうか。せめて、ご自分で作った文であって欲しいと思わずにはいられませんでした。

その一方で、64年を経て未だに、涙でしか応えられない祖母の悲しみを感じ取り、いたわる小学生の自作詞が詠われました。テントの外では「平和の礎《いしじ》」に刻まれた家族の名に手を寄せ、無念に手を合わせる老人の姿があります。そばには、子や孫がその老いた悲しみに寄り添います。老翁老婆の姿は戦争の苦しさ、恐ろしさを体感している多くの家族群像を予想させるに十分な映像でした。

残念なことに、ただ形だけの、式典業務をやりこなす政治家の軽さと、運命に翻弄される哀しい人間への嘆きとが、噛み合わないのです。麻生首相は汗を拭きふき、笑顔で会場入りしました。しかし、6月23日ゆえの悲嘆は沖縄県民を凍らせているのです。基地移転問題解決への努力、不発弾処理対策費を盛り込んだとの政府の説明は色あせて聞こえたことでしょう。

そして、我々も沖縄と悲しみを共にしません。沖縄戦の経験ゆえ「戦争は何が何でもいけない」と口をそろえて言う彼らに、戦争を遂行するための基地を押し付けている残酷さに気付きません。全国的に、猛暑日真夏日となった23日、沖縄だけが寒かったのです。


（東京新聞「ミラー」２００９年７月３日）

沖縄に基地という名の戦あり

「辺野古の埋め立て」が生き埋めに読めた

日清日露勝利が見失ったもの

わが町に、バブルの遺産と言える施設があります。先日行って、発見がありました。「やはり、無駄な公園だった」、もう一つは「忠魂碑があったのか」ということです。

忠魂碑に並んで、戦没者氏名が刻まれた石板がありました。日清戦争は１名、日露戦争は７名です。郷土に見慣れた姓が並び、日露戦争戦死者８万８０００人という教科書知識が郷土の歴史と結びつきました。悲しみを今に受け継ぐ献花、水仙の花が捧げられています。

しかし、高校の歴史授業は、８万８０００の数字は大国ロシアに勝った偉業の証にはなっても、戦死者の無念や、遺族の悲しみを語りませんでした。当時ならなおさら、勝利がもたらす国益とナショナリズムの高揚は、生活者の都合を黙殺することを承認し、土に生きる日常を置き去りにしたはずです。「国民の義務」の名のもと、そこに醸成された理不尽さへの不感症は、太平洋戦争終結まで続きます。

ＮＨＫ「坂の上の雲」は物語として観れば、面白いでしょう。確かに、当時の一側面ではあります。しかし、歴史として観ることは、当時の過ちを、平成の世に再生産することになりかねません。

日中・太平洋戦争での郷土出身死者数は２７１名です。戦死して勲章（遺族恩給受給資格）を得た伯父の墓前で「にしのお陰で生活が楽だぁ～ありがてぇ」と祖母は、無感情に、言いました。息子の生と死の尊さを、このようにしか言い表せない無念の表情を忘れることができません。

（東京新聞「ミラー」２０１１年3月11日）

積極的平和主義を解く

「積極的平和主義」。安倍首相のこの言葉、聞こえの良さのわりには、座りが悪いようです。

自らが「積極的平和主義」ならば、今までは「消極的」なのでしょう。歴代政権は9条を護持し、専守防衛・非核三原則を表明してきました。しかし、これらは「核持ち込み密約」に見られるように「表向きだけ」と評価されることがありました。そこで、今までを「消極的」と言い、「本心からの」「実が伴なう」平和主義を進める意志を「積極的」に込めていると理解するのが自然です。

ところが、どうも、安倍首相はＰＫＯ協力法・周辺事態法・日米新ガイドライン法やイラク特措法だけでは「消極的だ」と言っているのです。これらが「消極的」なら「積極的」に何をするのでしょうか。上記諸法の延長線上には、自衛隊を軍隊にして、防衛だけでない、政策としての軍事行動が見えます。ならば、安倍首相の「積極的平和主義」は大国覇権を認め、それに加わろうとする「積極的現状追認主義」です。憲法９条の理想主義を放棄する主張です。

加えて、安倍首相の政治姿勢を言い表すに相応《ふさわ》しい命名は「平和」の代わりに「国家」を入れて「積極的国家主義」が適当でしょう。彼は教育基本法を改定して、教育の目的に「愛国者の育成」を加えました。また、先の戦争は「侵略戦争」と表明することを再三逃げています。それは戦前に価値を置くがゆえの「天皇制国家に過ちはないという信仰」によります。これが中韓との信頼を揺るがし、国益を損ねていることは言うまでもありません。

私たちは、「国家」は「平和」を追求しているとの信頼を寄せてきました。「国家」＝「平和」であったのです。しかし、石破幹事長（当時）は「自衛隊員を戦死させる決断をする最初の政治家になる」と豪語しました。国家のために（平和のためではない）、武力行使＝国民の犠牲も辞さないのならば、「積極的平和主義」の「平和」を「国家」に読み換える方が座りがよいのです。

（東京新聞「ミラー」2013年11月30日）

〈2018年9月12日追記〉

安倍内閣は原則武器輸出禁止を原則武器輸出推進に変えました。「戦力不保持の理想」は世界から武器がなくならねば実現しません。ですから、憲法は武器輸出の禁止も含み持っています。この意味で、防衛装備移転も憲法違反です。

日本の高度な技術を結集して作られる武器は素晴らしい性能を持つことでしょう。武器見本市に日本企業が参加しています。穏やかな気分で日向ぼっこをする第二の人生は遠ざかりました。

素晴らしい武器恐ろしい褒め言葉

9条と共に生きる

「日本国民にノーベル平和賞を」という独創が生まれました。素晴らしいアイデアだと感心。と同時に、マララ・ユスフザイさんの受賞に「それはそうだなぁ」とも思ったのです。

安倍政権は、秘密保護法制定、集団的自衛権行使の閣議決定、防衛装備移転三原則への変更、そして安全保障法整備と矢継ぎ早にことを進めています。しかし、その手法は「憲法が権力を縛る英知であるとする」立憲主義を踏まえず、強引です。

武器輸出決めても平気で言う平和

ここで、国民が気を揉むのは、この政権が「改革断行」の後、何を創造するのかが分からないことです。上記の諸政策に底通する理念が何であるかを語らず、そのまま、9条改定を国民に問う危険性なのです。

今、世界は軍事衝突の中にあります。その原因の一つが、大国の軍事外交政策であることは疑いようがありません。この政策は武力に物言わせた植民地政策に連続する、強者の論理に貫かれています。「戦後レジームからの脱却」とは、軍事大国化して、強国の仲間入りする日本の再生ではないでしょうか。そう理解すると、彼のばらばらな諸政策が磁石に吸い寄せられる砂鉄のように、整列して見えてくるのです。

力に物を言わせる強国を目指すのですから、軍事大国としてふるまった南京大虐殺も、従軍慰安婦強制連行も、そして侵略戦争であったことも、認めたくはないのです。一億玉砕という、民族を滅ぼしても国家を守ろうとした狂気への反省もありません。それどころか、反省から生まれた戦争放棄＝9条に敵意をむき出しにします。

ですから、「積極的平和主義」にまやかしを感じるのです。私たちは、この造語以来、いわゆる「平和主義」を「非戦平和主義」と呼ばねばならぬ滑稽の中にいます。本来、９条の平和主義は「絶対非戦」という意味で積極的平和主義です。「積極的平和主義」が積極的平和主義を否定するという矛盾に国民への愚弄《ぐろう》が見えます。

来年の参議院選挙後に、憲法改正を政治日程に乗せるとの報道がありました。現政権の性質上、国民がいくら反対してもやってくるでしょう。ならば、国民は圧倒的多数で発議を否定しようじゃないかと思うのです。そして、これを成し遂げ、ノーベル平和賞に値する「日本国民」になりたいと思います。

力が支配する時代だからこそ、対極の９条理念が力を持ちます。しかも、力の支配が行き詰まっています。９条こそが新しい時代を切り開く理念です。「護憲」と言いますが、「憲法に守られ、憲法を守ること」がその正確な意味です。９条と共に生きることが、まやかしのない世界平和に通じると信じます。

この平和か弱きゆえに慈しむ

（週刊金曜日「論争」２０１５年４月３日）

統帥権と集団的自衛権

「戦前に似てきている」という声を聞きます。なるほど１９３０（昭和5）年に、集団的自衛権と似た事例があります。ロンドン軍縮条約に調印した浜口雄幸内閣を海軍などが「統帥権干犯」だと攻撃した事件です。

「統帥権」とは軍隊の作戦・用兵権のことで、大日本帝国憲法11条で天皇大権と定められ、陸海軍の参謀本部・軍令部が補佐することになっていました。また、12条では「装備編成権」も天皇大権とし、「内閣が補佐する」のです。海軍軍縮条約は軍艦保有量、つまり、「装備編成」に関わる約束でしたので、軍部の権限を犯しておらず、騒ぐ根拠がなく「統帥権干犯」ではありません。

しかし、軍縮条約反対派は12条編成権を11条統帥権に含める「拡大解釈」をおこない、内閣を追及しました。結果、浜口は狙撃され、内閣は総辞職します。これ以降、軍部は統帥権を盾に、軍事問題に対する政府の介入を拒否し、その統制を離れます。

同じように「集団的自衛権行使の閣議決定」、そして「安保関連法案」は安倍内閣による「拡大解釈」です。そして、「憲法違反」です。内閣の判断で軍隊を世界中に派兵でき、友国の戦争に加担もする、自衛権＝専守防衛の拡大解釈そのものです。加えての問題は、法案が成立すれば、憲法改正発議を国民が否決した場合でも、集団的自衛権行使・海外派兵ができてしまうことです。

拡大解釈から戦争への道が始まりました。「戦前に似てきた」は気のせいではありません。現実に合わせて理想を捨てるのではなく、理想に向けて現実を変える努力に価値を認めるならば、現９条は手放せません。「安倍出でて戦後は終わり戦前に」。市民が力を合わせ、安保関連法案を葬らねばいけません。

（週刊金曜日「投書」２０１５年６月５日）

言葉だけの平和なんか、もういらない!!

第一次世界大戦は、その死者が２０００万人を超えたこと、国家単位の総力戦だったことで、それまでの戦争とは質を異にします。その衝撃は戦後、平和に向けての国際連盟結成や、パリ不戦条約の締結からも分かります。

ここには「言葉だけの平和では、もういけない」との反省がにじみ出ています。昭和初期、日本も幣原外交という平和協調外交を展開しました。しかし、第二次世界大戦で、人類は己に絶望するほどの大規模な殺戮《さつりく》と破壊を繰り返しました。その重大な責任を大日本帝国は負いました。そして、今もそれは続いています。

国を亡ぼす寸前まで突き進んだ敗戦日本は、正気を取り戻し、日本国憲法を制定しました。この憲法を生み出したのも、「口先だけの平和ではもうだめだ」に違いありません。日本国憲法前文は、「日本国民は、国家の名誉にかけ、全力をあげてこの崇高な理想と目的を達成することを誓う」で締めくくっています。この崇高な理想とは、「主権が国民にあること」「世界の市民が恐怖と欠乏から免れ、人権が尊重されること」「全人類が平和のうちに生きられること」です。この実現のために設けられたのが、戦争放棄を定めた憲法9条（提案したのは協調外交の幣原喜重郎）なのです。

しかし、現在、安倍政権は、①自衛隊が他国軍隊と行動を共にできる「集団的自衛権行使」を認める安保法制を制定し、他国領土攻撃能力保持のために、②護衛艦「いずも」の空母化案（F35B戦闘機を搭載予定）、③F35A戦闘機用対地攻撃ミサイルの導入計画を練っています。つまり、「自民党憲法改正草案」に書かれている自衛隊の軍隊化です。ならば、自衛隊を軍隊化したうえで、その軍隊を合憲とする憲法改定を目指していることになります。専守防衛の枠からはみ出して、アメリカの戦争に日本軍が参戦できる国造りです。これが安倍首相の理想です。

その安倍首相が1月22日の施政方針演説で「国のかたち、理想の姿を語るのは憲法だ」「憲法のあるべき姿を国民に提示し、憲法改正に向けた議論を一層進める」と述べました。戦争平和問題で言われる理想は戦争を地上からなくすことです。彼の理想は理想に値するのでしょうか。

憲法は、政府に軍隊を放棄できる国際状況を作る努力を求めています。もちろん、安倍政権はこの要求に真摯に向き合いません。むしろ、この枠が息苦しくて仕方ないのです。理想を大事にすると自称する平和論者が平和憲法の理想を踏みにじっています。世界は過去2回、悲惨な大戦を仕出かしてしまった後に「口先だけの平和はもういらない！」と切実な思いで叫びました。今、「言葉だけの平和なんか、もういらない！」と政府に叫ばなければ、権力を縛らなければ、三度目がやってきます。

（週刊金曜日「投書」２０１８年2月9日）

妖怪に居ず政界に居る二枚舌よだれ流し不気味に絡む

おわりに

もし、民主主義に思想があるならば、それは人権です。社会に「人権と呼ぶべきものがなければおかしいぞ」と、人々に思わせたのは権力です。しかし、庶民が「なければおかしいぞ」と思わねば、人権は発見されなかったのです。

支配者の横暴を前にして、「あれじゃ、可哀そうだ。見ていられない」「これは我慢ならない。腹が立つ」と思い、そして、「何とかできないものか」と地団駄を踏んだ時に、人々は「権力」に対抗する「力」としての「人権」を発見したのだと思います。そうであるならば、相互の思いやりや、「人間」を大切にしたいという思いが人権の存在を想定させたと言えます。人権の発見は、助け合う意思が成せた業なのです。

以上のように考え、東洋的な言い方をすれば、人権は慈悲という言葉で言い換えるのが似つかわしいでしょう。仏が衆生（凡夫）に向ける慈悲ですが、人々が相互に与え合い、助け合うことも慈悲に属します。人権の思想は、助け合いという日常の行動を形作る慈《いつく》しみなのです。

ということは、民主主義は相互への慈悲がなければ機能しません。「己さえよければいい」は民主主義に反します。

今年２０１９年2月24日の辺野古基地建設の是非を問う沖縄県民投票は、建設反対が多数を占めました。この民意を尊重するかどうかが民主主義の試金石です。今後、日本人の民主主義が問われます。

安倍首相は、県民投票の結果にかかわらず、建設を進めると述べています。私たちはこのような首相を支持して良いのでしょうか。良い訳がありません。彼を支持しながら、「私は民主主義者だ」とは、とても言えません。もちろん、安倍首相も民主主義者と自らを呼べるはずがありません。彼は「見せ掛け」の権化です。

この「見せ掛け」を彼はこぼれんばかりに抱えています。昨年までにスーダン日報問題・森友加計問題など多数。今年に入り、毎月勤労統計操作問題など。見せ掛けゆえに、国際的信用も失いました。そもそも、アベノミクスも「積極的平和主義」も見せ掛けです。

今後も安倍内閣の支持率が30％を割らないならば、「日本人は正常な判断力を失った」と言われても仕方ありません。そう言わざるを得ません。

安倍首相がトランプ大統領をノーベル平和賞に推薦したとのことです。トランプ大統領のどこが平和なのでしょう。彼は平和や融和ではなく、戦争と分断が大好きな人物です。その大統領にノーベル平和賞を推薦するとは…。一日も早い安倍首相退陣を望みます。

ここまで、読んでいただきありがとうございました。もうお分かりのように、安倍政権への不安と怒りが書かせた本です。

読んでいただけたのは、皆様の我慢強さでありますが、それ以上の根気で出版にまでご努力をいただいた二人の方がおられます。あけび書房の久保則之さん、清水まゆみさんに御礼申し上げます。

2019年5月3日　憲法記念日に

八角　宗林

八角　宗林（やすみ　そうりん）

憲法を生かす匝瑳九条の会代表。
1953 年、埼玉県生まれ。
1976 年、成蹊大学文学部文化学科卒。
31 年間、高等学校で社会科担当、2006 年早期退職（53 歳）。
退職後は地域活動に参加。
ブログ「人を笑わず人と笑う」公開。
千葉県匝瑳市に在住。

語り継ぐ戦争と民主主義

2019 年 6 月 1 日　第 1 刷発行 ©

著　者——八角　宗林
発行者——久保　則之
発行所——あけび書房株式会社
102-0073　東京都千代田区九段北 1-9-5
☎03-3234-2571 Fax 03-3234-2609
akebi@s.email.ne.jp　http://www.akebi.co.jp

組版・印刷・製本／モリモト印刷

ISBN978-4-87154-164-0 C3036

Ⅱ部

語り継ぐ 私の民主主義体験

言葉だけの民主主義は、もういらない!!

民主主義とは何ですか。どう行動することですか。
民主主義の名で
民主主義の息の根を止める政治が、社会が
既成化しています。

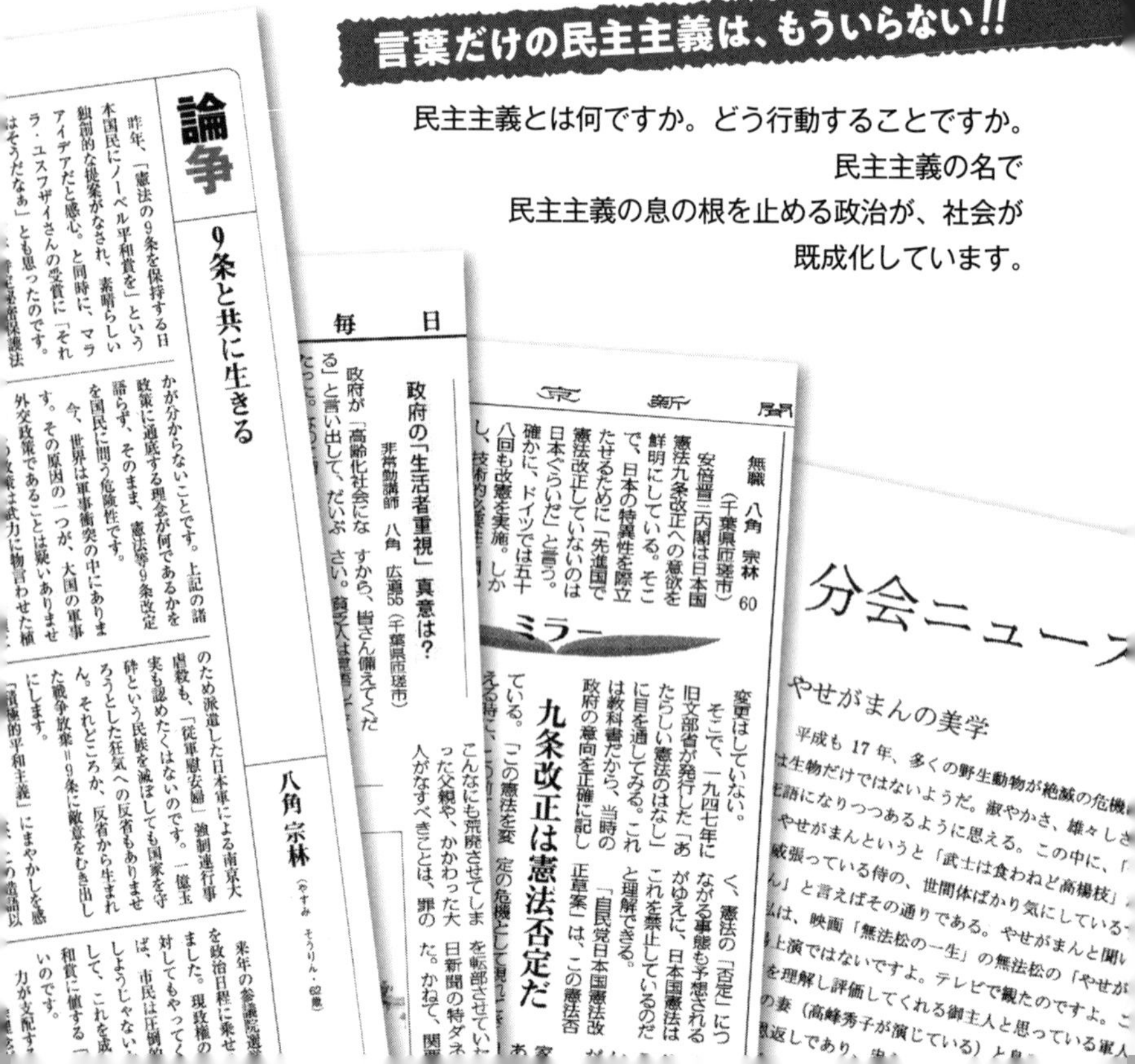

語りのはじめに

—これは、変わる、変えられる、今変えねばならぬ現実です—

私は大学を卒業してから31年間、高校で社会科（日本史）の教師をしてきました。様々な理由から、早期退職をしようと、また、そうなるだろうと予測していたところ、それが突然にやってきました。2006年3月、53歳の時でした。

これを見越して、始めていたことがあります。それは、分会ニュース（教職員組合の職場ニュース）に、自分が育てられてきた学校生活や教師生活のなかで、恩師や先輩・同輩や生徒諸君に教えられ、考えさせられてきたことを書き残すことです。

これにはある思いがありました。それは、自分が諸先輩から教えられたことや、その行動から感じ取ってきたことが忘れ去られてきているとの思いです。これはとりもなおさず、自分が教えられてきたように、後輩の先生たちに伝えてこなかったということであります。そんな反省を含め、教師生活最後に置き土産をさせていただこうという勝手な暴走に近い思い込みから始めたのです。この分会ニュースは、2004年6月から2006年3月まで、68号になりました。この分会ニュースに私の民主主義体験を語らせようと思います。

1959（昭和34）年に私は埼玉県の川口市立原町小学校に入学しました。時は民主主義教育全盛期。しかも、川口市の教職員は後に「川口方式」と呼ばれる教育に情熱を燃やしているさなかであった

のです。教員になって「川口方式」の話を聞いた時、「そうだったのか」と思い当たることがありました。

原町小学校では、多くのクラスが小動物や小鳥を飼っていました。稲作を上級学年が担当、姉たちが田植えや稲刈りをしている姿を覚えています。自分が５年生の時は、校門の脇に小庭園を造ることになり、大きな池を先生方と造りました。そこに、魚を入れる式典の写真が残っています。担任の中野先生は、その庭園の反対側に大きな鳥小屋を作ると言い出し、放課後、その建築に皆で汗を流しました。これらは、当時としては先進的な取り組みであったでしょう。

川口は職人と労働者の町で、鋳物工業を中心に、それを素材とした機械、自動車工業関係の中小零細企業が集中していました。また、戦争中に、労働力不足を補うために、朝鮮人が在住し、その差別問題も抱えていたのです。社会の下層を形成する人々の町でした。

その子どもたちに、日本国憲法の精神を伝え、民主主義を支える人材として育って欲しい、といった意気込みが活気ある職場にしていたのだと思います。ちなみに、吉永小百合主演「キューポラのある街」は私の少年時代の川口が舞台です。学校行事で、観に行ったことを覚えています。

中学生になると、ベトナム戦争の大義が揺らぎ、非人道性が世界に発信されました。ベトナム国民の悲惨な状況は目を背けたくなるほどであり、アメリカ軍の非道は、若者たちの怒りを買いました。学校では社会科の先生がアメリカを激しく批判しました。1969年２月、新宿地下広場反戦フォーク集会が始まり、先輩に誘われて、放課後、集会に参加したことがあります。高校１年生でした。

ゲームに戯れるかのように人を殺し、不要な獲物のように捨て去る振る舞いを人間ができるのだという発見は受け入れがたい気付き

でした。ここまで人間は堕ちることができるのか。この人間への絶望は、アメリカへの嫌悪へと向かわせることになります。しかも同じく、日本はこの戦争遂行に欠くことができない役割を担っていたのです。日本国憲法の精神に反しているだろう。憲法はただの飾り物なのか。憲法は掲げただけでは働かないという、今から思えば、当たり前の事実を知らされました。

それから50年、憲法改定が政治日程に上るまでになり、護憲というと、危ない人物とみられるような、お上に逆らうことが憚《はばか》られる風潮が広がっているように感じます。職場に学校に地域に民主主義は息づいているのか、そういう思いに憂鬱になることが多くなりました。

かつて、日本国憲法の精神を日本人の良識として定着させることを目指した政治家、官僚、学者、教育者、文化人は何処に行ってしまったのでしょうか。人権が保障される、民主的社会への展望は何処に行ってしまったのでしょうか。事態は深刻です。民主的であるとは、日常の課題とどう向き合うことなのか。どう考え行動することなのか、民主主義が問われなくなっています。それどころか、民主主義的に考える仕方が分からなくなっている現実を突き付けられるのです。

例えば、政府与党の、法案に反対ならば対案を出せという主張が目立ってきたことです。対案がなければ反対する資格がないというのです。これに「もっとも」との声を聞きますが、どうでしょうか。反対する理由を求めることは正当ですが、「対案がなければ反対するな」は民主主義の理にかないません。意見を言う権利（言論の自由権）に条件を付けているからです。基本的人権は無条件に天から

人間に与えられていることを忘れてはいけません。ましてや、権力側が認め与えるものでもありません。対案があるなら、言論の自由を認め、なければ取り上げる、そんな論理が国会でまかり通ってよい訳がありません。

もう一つ、例をあげましょう。政府与党の提出の法案に野党や国民の多くが反対している時に、法案の細部に及ぶ質問に答え、疑義を解消させて、野党の賛同を得ることが国会運営の基礎です。なぜなら、野党支持者も主権者だからです。

もし、国の在り方を左右する法案に野党や国民の賛同が得られないならば、廃案にすることが、国民主権の原則に叶う行動です。与野党が強行採決は良くないとしてきたのは国民主権ゆえのことなのです。しかし、これを揺るがす、度重なる重要法案の強行採決が近年目立ちます。民主主義のなんであるかを忘れた所業です。近代思想の根本を解さない無明《むみょう》が大手を振るって歩き出しています。

悪びれず悪法通る青い夏
おはようのあいさつほどの民主主義

「お早うございます」「よろしくお願いします」

民主主義が、ただ聞き流す慣用の挨拶と同じように扱われています。今や、民主主義はおしめ１枚で、放置されている赤子です。それを横目に通り過ぎてしまう自分を思わされます。これに慣れ、流されてしまわないか、「言葉だけの民主主義は、もう要らない」と叫びたくなる衝動を覚えます。

戦争を体験した人たちがいなくなってしまうから、その体験者の子どもである自分たち世代が次の世代に語り継ぐ必要を感じて、

「語り継ぐ父の戦争体験」をまとめました。それと同じように民主主義の精神が軽んじられる様子を目の当たりにして、自分が体験した民主主義を語り継がなければならないとの思いに駆り立てられるようになってきたわけです。

この思いが、十数年前に書いた分会ニュースを思い出させました。これは日本国憲法精神に則《のっと》り学校を運営しようとした人たちの記録であり、彼らに教わった私の記憶と体験です。忘れてはいけない戦争体験と同じほどに、忘れてはならないそれです。学校の分会ニュースですから、教育や生徒たちの様子や彼らへの思いも書かれています。しかし、教育現場と本質的に同じことが、企業や病院、福祉施設、地域でも起こりうると思います。それぞれの現場でどう考え行動することが、日本国憲法が示す民主主義に叶うのかを読みとっていただけるなら幸いです。

〈2019年3月21日追記〉

阿波踊りでの「総踊り」禁止は電話一本で通告されたそうです。なんの説明も相談もなく踊り子連は従うしかない状況に追い込まれました。まさに、国民＝市民主権の否定が「ここまで来たか」と思わせる蛮行です。宮沢喜一元首相（自民党ハト派）が「権力は使わないことを上とする」と側近に話していたとか。これが本来の保守政治家の姿です。

保守政治家の徳島市長は国民主権＝市民主権を尊重するはずなのですがそうしません。彼は保守政治家でないなら、何政治家なのでしょうか。阿波踊り振興協会所属の13の踊り子連が昨日、総踊りを自主開催しました。この混乱の責任は説明説得しなかった市長にあります。市長はすべてを差配する全権を行使できる領

主ではありません。ここにも、言葉だけの民主主義がはびこっています。現政権の病が伝染したのでしょうか。

タカがハト食い潰した自民党

言葉だけの民主主義！　そう言えば「言葉だけの」と言いたくなる事象であふれかえっています。バブル景気がそもそも見せ掛けの豊かさでした。公官庁の障害者採用比率も実質のない見せ掛け。森友小学校敷地内のごみの量も、公文書改ざんも見せ掛けです。株価高も、公的年金掛け金の株式市場導入や日本銀行の投資信託債券買い入れの結果です。女性活躍社会も、生活費の不足を補うために女性が非正規労働に従事しているのが実情です。知識や資格を取得しての、積極的な職業選択の結果、その能力を発揮しているのではないのです。女性労働人口の増加も、見せ掛けの女性活躍になっています。辺野古基地建設に反対する沖縄に向かって安倍首相が言った「寄り添う」も同じですね。

そして、見せ掛けの積極的平和主義!!　護衛艦「いずも」の空母化案は専守防衛主義を放棄したいとの本音の表れでしょう。多くの戦争は、お互いに、敵が攻めてくる危険があるから、先に攻めようとすることで始まっています。「攻撃が最良の防衛である」と安倍首相はそのうちに言い出すでしょう。

さらに加えねばなりません。繰り返される安倍首相の「私は立法府の長」発言です。安倍首相は行政府の長であって、立法府の長ではありませんから、これは三権分立に挑戦する重大な発言です。しかし、お咎めなしです。国会（特に国会議長）もマスコミも市民団体も大人しいのです。本来なら、政権が倒れてもおかしくない事態です。

1章　語り継ぐ私の民主主義体験

（分会ニュースから）

◆あなたは何主義者？（分会ニュース１号　2004年７月23日）

次の中で自分に一番近いのはどれですか？　「封建主義者」「全体主義者（ファシスト）」「自由主義者」「社会・共産主義者」「アナーキスト（無政府主義者）」

最多数は自由主義者だろうと思います。日本人の90％は自分を自由主義者と思っているのではないでしょうか。しかし、主義者であることは主義を守り、行動することを含みます。こう定義すると自由主義者と自認する人は減るでしょうか。

「新しい教科書を作る会」の活動、産経新聞を公立学校で購読させる動き、式典で日の丸・君が代に起立礼するよう職務命令を出し、従わない者を処分するなどの動きがあります。そして、わが校での２人の先生への「あわや冤罪事件」です。何も、憲法改定・教育基本法改定・国会軽視の政治姿勢等々の、難しいこと持ち出さなくとも、身近に分かりやすい形で私たちの自由主義が危ないことが実感できます。

そうは思わないという方も多いことでしょう。自分は上の動きに賛成だからという理由からです。しかし、上の動きは反対す者を弾圧する意思を隠し持っています。自由主義者のアメリカ第２代大統領ジェファーソンが言っています。

「あなたと私は主張が違う。しかし、私はあなたの言論の自由を奪い弾圧する者がいたら、あなたと一緒になって、その者と戦いましょう」

今、多くの労働現場では、長時間労働やサービス残業、二交代三交代制が日常化し、違法行為が否定できません。これへの抗議は抑えられています。そして、２人の先生の件に見るように、経営方針に異を唱える者たちがいれば、不当に処遇する体質の企業・団体が多くあります。

第二次世界大戦後、ドイツのカトリックの神父さんがこう言ったそうです。

「ナチが共産主義者を弾圧した時、当然と思った。社会主義者を弾圧し出した時も同じような者たちだからと気にも留めなかった。自由主義者が弾圧された時、なぜだ、おかしいぞと思ったがもうどうすることもできなかった。そして、自分の番が来た」

こんな事、今の日本ではありえないとお思いでしょう。しかし、改憲論者の中に「戦後、人権・権利と言い過ぎた。この動きを元に戻す必要がある」と言う者がいるのです。

先ほど述べたように、自由を守るための行動を採ってこその自由主義者です。今、心配なのが、式典の時の日の丸・君が代への礼を職務命令で徹底させようとする動きです。その時、職員はどう対応するのか、できるのか。主義信条や宗教上の理由からこの命令に従わない仲間や生徒をどう処遇するかで、あなたの自由主義の真価が問われます。自由主義愛好家、民主主義愛好家であるあなたなのか、それとも、自由主義者、民主主義者であるのかが試される時はそう遠くないように思います。

（注）「あわや冤罪未遂事件」とは

2004年1月13日、県教委は現場視察（指導主事訪問）をするから、授業の指導案を前もって提出することを求めました。校長は、校長交渉や職員会議での質問にも、指導案の提出について「職務命令」ではなく「協力」を求めると答えました。しかし、提出しなかった2人の教諭に対して、職務命令違反で処分の動きが起き、2月24日、県教委による2人への聞き取り調査がおこなわれました。結果、県教委に指導された校長は2人の教諭に次のように伝えました。

① 「今後こういうことがないように」（こういうこととは指導主事訪問に際し、指導案を出さないことです）

② 「処分ではない所属長による注意である」

③ 「今後は、指導案を出さなければ、職務命令を出すように」と指導を受けました。

ということで、懲戒処分には至らなかったのですが、県教委は校長が職務命令を出していたことにして、処分しようとした疑いがあります。

ここで明らかになったことは、

① 県教委はその指示に従わない者を処分することで、全職場、教員に対して、2人を見せしめにして、指導主事視察時の教案提出を徹底させたかった。

② 組合活動＝分会活動があったから、職務命令を校長が出していなかったことが証明された。県教委は、こんな職場（分会）がまだあるとは思ってもいなかったのでしょう。ところがどっこい、そうではなかったことが県教委の誤算であったということです。権力の恐ろしさを肝に銘じる事件でした。

◆生徒を笑わず生徒と笑う（分会ニュース２号　2004年7月28日）

期末試験中、試験監督に行った時、始まる直前、教卓前の生徒が「先生、団扇預かってください」というので、そうしました。試験が始まり生徒たちが一心不乱に数学の問題に取り組んでいます。私はこの光景が好きです。穏やかな気分になりました。

終了の数分前、団扇を二度三度扇ぎ、ふと前を見ると団扇の持ち主が下を向いて、ぼーとしていますので、彼を「おいおい」という顔をして扇いでやったのです。するとそれが「ふふふ」という笑いを誘いました。一言も発することもなく、同じ笑いを共にできたこと、「生徒を笑わず生徒と笑う」至福の時間でした。

というのは、「生徒を馬鹿にし、同僚たちと生徒を笑う」向きがあると聞くからです。これでは、生徒たちの心が荒れることでしょう。生徒を一匹二匹と数え、「今日も飼育しなければいけないのか」。この類の会話は冗談にもしてはいけません。

では、教師が生徒を馬鹿にする心理はどんなものでしょうか。授業は妨害する、悪態は付く、我慢という美徳に欠ける、おまけに、無気力・無責任で自己中心的、生きているの？と言いたくなる。このように評価をして、生徒を馬鹿にする時、「こいつらは、元々、駄目な奴らなのだ」と思っていないでしょうか。元々、駄目ならば、色々働きかけても同じだから放っておけとなります。つまり、教師が生徒を馬鹿にする行為は任務とそれに伴う努力を放棄する表明であり、生徒を諦めるための儀式に他ならないのです。

生徒を諦めたらどうなるでしょう。生徒ではありません、我々はどうなるでしょうか。生徒は我々の手段ではなく目的ですから、生徒を諦めることは教師が目的を失うことになります。日頃、「お前

は目的がないからダメなんだ」と言うことがあります。この言葉が、そのまんま自分に向かってきます。私たちは生徒を諦めることで、自らをも諦めることになることに気付かねばなりません。

上に書いたことは、私が長いこと闘っていたことです。生徒を馬鹿にする自分と、それを情けなく思う自分との葛藤がありました。また、「生徒に勝った、負けた」と言うことがありましたが、生徒との関係に「勝ち負け」はありませんね。今は、少しは成長した自分も感じつつ、「生徒と笑う」が日常であることを心から感謝する毎日です。教師のキーワードは、「自分に嘘をつかぬこと」「生徒への関心」と「柔軟な想像力」だと思います。

◆良寛さんも怒る査定・無能力給制度

（分会ニュース４号　2004年８月20日）

「能力給」には、能力と実績があれば、誰でも高給取りになれるという期待を持たせる響きがあります。そして多分、７割８割の人が自分は普通以上の評価を受けると思っているでしょう。仕事への責任努力を果たしているとの自覚があれば当然のことです。

しかし、高い能力を認められるのは少数で、普通とそれ以下を多数にすることが予想されます。なぜなら、能力給採用目的の一つが人件費の現状維持や削減にあるからです。能力アップを積極的に評価してくれると期待してはいけません。もし、積極的な評価をおこなえば、人件費の削減どころか、逆に増えてしまいます。能力給は能力を認めたがらないのですから、「無能力給」がふさわしい命名です。

１年ほど前に、県教育委員会が教職員を５段階に査定し、３は普

通の定期昇給で、４はその50%アップ、５は100%アップの昇給とし、２は普通の昇給の半分、１は定期昇給無しという案も検討していると聞きました。その時、映画「あゝ野麦峠」の罰金工女と100円工女の話が思い浮かびました。明治期の製糸工場では、検査基準以下の劣悪な生糸を紡ぐ工女から取る罰金を、腕が良い100円工女に回す制度を採用していました。100円工女が現れても、工場主の人件費負担は増えない仕組みになっていたのです。工女同士を共食いさせたわけです。上の案も同じ構造になっています。労働者を守る法律も基本的人権もなかった100年以上も前の労働者と同じ扱いを、今、私たちは受けようとしています。

耐え忍ぶだけで命を使い切る女工哀史の理不尽な日々

査定制度に反対する人たちが言うその理由に「客観的な査定基準などない」があります。特に、教育という仕事をしている教師を査定するのは難しいのではないかと。私もそう思います。また、査定制にはアピールできる仕事に教師の目が奪われ、生徒にとって質が高い教育が置き去りにされる危険性もあります。放送局が視聴率を追い求めるあまりに陥る過ちに似ています。これも同感です。しかし、例え、誰もが納得できる査定基準が示され、教育の質を落とさない工夫がなされたとしても、私はこの査定制度には反対しようと思います。

誰もが敬愛してやまない良寛さんは比較することを戒めています。卑しく、薄っぺらいというのです。比較することのどこが卑しく、薄っぺらいというのでしょうか。こんなことではないかと思います。人と比べて自分の方が幸せという人の例を挙げてみましょう。この場合、自分より不幸な他人の様子を見て、自分の幸福を感じるので

すから、他人の不幸を自分の幸福の条件にしていることになります。人の苦しみを自分の喜びの肥やしにするのですから、浅ましい、卑しいと言われても仕方がありません。また、より不幸に見える人の前では幸せが感じられ、より幸福な人の前では不幸になってしまう移ろいやすさは精神的な幼さや愚かさを思わずにはいられません「百人いれば、百通りの幸せの形がある」が、良寛さんの見識です。

しかし、この半世紀、日本人は奥ゆかしさや淑やかさ、慎ましさなどの美徳や見識を高度経済成長と引き換えに捨て去ってきました。就職試験、今では、入学試験にも集団面接で自己アピールを競わせることが、その象徴的な表れです。

この行き着いた先が査定能力給制度です。他人よりも優れているアピールは、それが収入を左右するに及んで本気度を増しています。本来なら、このような生き方を自制し、諫める立場のリーダーたちが、むしろ、強制していることに鳥肌が立ちます。自由競争、適者生存という文化の定着には私の文化が同意しません。グローバルスタンダードの名の下、「日本の長い歴史が培ってきた美徳」を嘲り笑う査定能力給制度に反対します。

生き難い世を語りきてふと黙る

◆真面目と「まじめ」（分会ニュース５号　2004年８月27日）

真面目がプラス評価されなくなって大分時が経ちました。これにつれて、価値を上げ続けるのが「個性的」「ユニーク」「明るい性格」のようです。

今、若者は「まじめ」と言われることを喜ばず、むしろ、嫌がり

ます。言われて、バカにされていると感じる時さえあると言います。「まじめ」のイメージは「規則を守り、やることはやるが融通がきかず、人は良いが暗い性格で、意志意欲情熱を感じさせない」というものらしいのです。ならば、喜ばないのも当然です。真面目の意味内容が変わってしまったのです。確かに、私たち大人も、暗くてどこにでもいる人というイメージを持っているように思います。「まじめ」＝平凡＝価値薄、が定着しています。

では、真面目の意味内容がどうして変わってしまったのでしょうか？　本来の意味はどういうものだったのでしょうか？　上に挙げた「まじめ」さは、実は、親・教師・上司・管理者・支配者にとって都合がいいタイプではないでしょうか。大人（社会）は「今の若い奴らは覇気がなくてやる気もなくてしょうがない」と言いながら、自分の立場や地位を脅かさない、安全無難なタイプと受け止めているように見えます。一方、若者たちも個性的・ユニーク・明るいことを価値としながら「まじめ」という生活態度が安楽であり、無難だと認知している節があるのです。

つまり、若者たちは、今の自分を肯定できないが、このままでいることを保障する安全を選び、社会も若者のあるべき姿を思いつつ、彼らが「まじめ」でいてくれた方が都合いい…。これが本心ではないかと思えるのです。真面目であることは、大人・管理者、そして、若者たちにとってさえ不都合になったゆえに真面目を「まじめ」へと変化させていった、しかも、「まじめ」を評価しないという点でも両者は一致しているのです。

次に、真面目の本来的意味は何だったのかを確認しなければいけません。私は「逃げないこと」だと思います。国語辞書で真面目の項を調べると「本気」「真剣」「誠実」という言葉が出てきます。真

剣・誠実なら逃げないでしょう。さらに、この言葉は「逃げない」を核とするため、責任感・信念・正義感の強さをも含み持ちます。場合によっては、闘うことを厭わない生活姿勢となって表れ出ます（これが両者、真面目に対して、一線を引く理由かもしれません）。

真面目さは、自分で考え、判断し、行動する意欲を困難な時にも失わない人格に宿ります。これこそ近代市民社会が理想とする市民像であり、戦後民主主義が求め、目指した人間像です。戦後59年、私たちは経済繁栄を手にするや、真面目さを厭い、民主的市民像を捨て去ってしまったように感じます。心配なのは「まじめ」に安住する社会が活力を失ない、発展する可能性も失なうことです。

そこで問います。自分を主張し行動することはわがままで、信じることに従い闘うことは危険なのでしょうか？　反対することは協調性がないことなのでしょうか？　自己中心的なのでしょうか？　もう一度、民主主義を問い直す必要があります。一人ひとりの生徒が掛け替えのない個性的でユニークな存在であると認識したうえで、現実から逃げることなく、場合によっては、闘い、力強く生きてゆく近代市民社会の理想的市民像を生徒たちに伝えたいと思います。

◆権力への鈍感（分会ニュース６号　2004年９月３日）

プロ野球選手会が近鉄・オリックスの合併に反対なうえに、一リーグ制案が飛び出すに及び、ストライキも辞さない構えを見せています。夢を売るプロ野球にあるまじき野暮という人もあれば、読売巨人軍オーナーだった渡辺氏の「選手ごとき分際で」発言もあってか、選手会を応援する人も多く、様々に騒がれています。

1970年前後、旧国鉄の労働組合であった国労は「遵法闘争」を

展開し、闘いました。労働運動の旗手がおこなうストライキを支持する向きも強くありましたが、次第に、マスコミ・世論に叩かれるようになっていきます。マスコミ各社は利用客の批判する声を多く伝えました。曰く「迷惑だ」「自分たちの給料を上げるために、仕事を放棄し他人に損害を与えるとは何事か」「わがままは許されない」などなど。マスコミ自身の見解を利用者に代弁させているのかと思わされた記憶があります。

さて、この「迷惑だ」という声です。一見、もっともと思われるでしょうが、これは人権を理解していないゆえの意見だと思うのです。ストライキは社会が迷惑だと感じるからこそ、おこなう意味がある行動です。そのことを理解承知のうえで、近代思想とその国家が労働者に保障する人権の一つがストライキ権です。この思想には、労働者が資本家や経営者よりもはるかに弱い立場にあるとの基本的認識があります。

ストライキは、迷惑でなければやりません。迷惑だから経営者に圧力をかけることができ、妥協を引き出す力を労働者に与えることで、対等な交渉の場を準備するのです。このメカニズムが持つ効力を、全社会構成員が使い、これを認め合えてこそ、ストライキ権＝人権は社会に根付いていくのです。

だが、残念なことに「ストライキ迷惑論」に惑わされ、ストライキを認め合えないまま、30年が過ぎました。気付くと一人ひとりバラバラにされた勤労者たちは単身赴任に甘んじ、出向・リストラ・賃金カットを黙って受け入れざるを得ない社会状況ができあがってしまいました。若者たちは正社員として採用されず、派遣労働者・臨時職員・パートに採用されるようになり、「フリーター」という、より弱い新しい階層に組み込まれつつあります。しかも、

「あいつらは自分から進んで正社員にならないだけだ」と吐き捨てるように言い出す者まで現れています。

ストライキを打てない労働組合が労働者を守れるわけがないのです。ストライキ権を放棄すると決め込んでいる労働組合は経営側にとって無害であり、無害ゆえに、対等に交渉する足場を労働側は失っています。結果、労働者の労働環境は大きく後退しました。労働組合幹部は本当に労働者の代表なのか、疑わざるを得ないところまで来ています。労働貴族という矛盾に満ちた存在が恥じることもなく、労働組合を主導しています。労働環境の悪化はなるべくして生まれたのです。

なぜこんなにも、人権としてのストライキ権は定着しないのでしょうか。社会的ハンディを持つ障害者が社会にかける「迷惑」は迷惑ではなく、それを受け入れることが健常者の社会的良識であるとの理解が広まりつつあります。ならば、ハンディを持つ労働者にストライキを認めるのに、何の迷いがいるのでしょうか。誰でも社会的弱者や少数者になる可能性があります。ですから、彼らへの配慮という余裕を持つ社会は誰にとっても居心地が良いはずなのです。

では、そもそも人権とは何なのでしょうか。われわれ人間は、社会生活を営むことに大きな可能性を見出し、これを発展させ恩恵を受けてきました。しかし、社会や国家を構成することは権力を認めることでもありました。権力は権力ゆえに暴走する可能性を潜在的に持っています。それを抑えるため、支配を受ける側に神が認めるのが人権です。つまり、「権力という力に対抗する力」が人権なのです。人権は力です。使われなければ形を成しません。

今、支配されている者が支配者の立場から発言するという奇妙な現象が現れています。また、権力との関係に無関心を決め込む傾向

も広まっています。強者が使ってくる権力に対し、あまりにも、鈍感で無頓着な風潮が気になります。

（注）「プロ野球選手会のスト」とは？

2004年6月13日に、オリックスと近鉄の合併構想（近鉄が球団保有権をオリックスに売却し統合される）が表面化し、それに伴い1リーグ制への流れが急速に進んでいることが明らかになりました。これに労働組合プロ野球選手会は2リーグ制維持と新規球団参入を求め、プロ野球機構と交渉しましたが、確約が取れずに、9月18・19日ストライキを決行しました。

その後の両者の交渉で、2リーグ制維持と新規球団参入の確約がなされました。結果、楽天が近鉄の穴を埋める新規参入を果たし、現在に至ります。1リーグ制は巨人や阪神などの人気球団に経営資金と有望選手が集まる可能性が高いと言われていました。労働組合が頑張ったからこそ、今も、私たちはプロ野球を楽しめているわけです。

〈2018年8月8日追記〉

自民党の杉田水脈衆議院議員がLGBT（性的少数者）を「生産性がない」ことを理由に「国費を使って支援するのはおかしい」という趣旨の文を週刊誌に寄稿した「事件」が起きました。彼女は人権に条件を付けているのですから「事件」です。人権は無条件に天から人間に与えられている力です。権力が与えるものではありません。ましてや、権力側が人権を認めるに相応《ふさわ》しい資格を定めるに及んでは話になりません。本人はもちろん、自民党の対応も「自由民主」の看板を穢しています。「生産性が高いから認める」とか「性的少数者だから認めない」態度は人権思想を理解

できないか、嫌いだという証拠です。

明治期に、自由民権運動は西洋近代が到達した人権思想を憲法に盛り込もうとしましたが、それに失敗したと言えます。第1に「大日本帝国憲法」は天皇が臣民に与えるという形をとった「欽定憲法」だからです。ここからして憲法の本質を見失っています。これでは、憲法は権力者の暴走を防ぐことはできません。第2に、臣民の人権については、ことごとく「法律ノ定ムル範囲内ニ於ヒテ」と条件を付けています。

ならば、人権に条件を付ける杉田水脈議員は明治憲法に従い議員活動をしていることになります。やはり、これは「事件」です。明治憲法は国民を「臣人」と呼んでいます。国民＝臣民、これが今の自民党の大方の見解なのでしょうか。

民を臣民と呼びたい自民党

◆教育は根気や、根気は愛や（分会ニュース８号　2004年９月17日）

ソフトボール部の顧問会議があり、会場校に早く行き過ぎて、応接室で一人、しみじみ「教育は根気や根気は愛や」という書を味わいました。「誠」を感じたのは、愛という日本人にとって、気恥ずかし言葉表現を使いこなしていると思ったからです。本心こう思っていて、この言葉が板に付いた人格者が書いたものだと直感しました。

人を愛するとは何なのか？　私には答えはありません。作家でクリスチャンの曽野綾子さんは「愛する人のために死ねることだ」と仰っているようですが、「誠」を感じられない言葉です。もし、彼

女の言うとおりだとしたら、90%、それ以上の人は人を愛していないことになるでしょう。しかし、言葉にはしませんが、多くの人は愛している、愛されているという実感を持っていることは疑いようがありません。では、改めて「愛とは何なのか」まだ、答えはありません。

ではありますが、少なくとも、教師として仕事や生徒を大切にする（愛する）とはどういうことかは考えて試みたいわけです。「教育は根気や根気は愛や」だというので、「僕は君を愛している、君のためなら何でもする。なんでも言ってくれ。私は君を見捨てたりしない」などと真顔で言ったら、気持ち悪がられるか、偽善者と思われるだけでしょう。生徒から「じゃあ、その愛っていうやつの証拠を見せてみなよ」と言われるのが関の山です。

でも、その証拠なのです。見せる必要はありませんが、教師は、どうすることが生徒を大切にする（愛する）ことなのかを知っていなければなりません。では、愛は教師に何をさせるのでしょうか？

上の書の作者の意を汲むと、「教育は根気や根気は愛や愛はアイデアや」となると思うのです。愛の一つの形に「放っておけない」というのがあります。放っておけない、ならば、何か行動を起こさずにはいられないでしょう。その時必要なのがアイデアです。アイデアを出し続けることが生徒を諦めないことであり、同時に、根気の本体でもあり、アイデアを絞り出している姿が「愛」の証拠にもなると思うのです。

同じ競争をするのなら、「出席率何パーセントだ」「遅刻早退が延べ何人だ」「クラス平均が何点だ」「一流大学に何人入れた」という類の競争ではなく、生徒の実情を見て、的確な対応をするためのアイデアをどれだけ出し続けられるかを競争したいものです。

◆組合に入ろう（分会ニュース11号　2004年10月8日）

見出しを見て、読むのを止めたと思っているあなた、とりあえず、目を通してください。労働組合は組合です。農業協同組合や生活協同組合と同じ類のものです。労働組合も助け合うための組織であるに違いありません。たとえ、組合の連合組織が政治闘争や選挙活動をしていても、分会は50～60人いる職員の助け合い組織なのです。このことが基本です。

職場で仲間が強い者から無理なこと、正義にもとることを強いられているとします。すると、まず「あれではかわいそうだし、他人事ではない」と数人が集まり、話し合い、仲間を募り、活動を組織し、強者に立ち向かうことになります。

しかし、上のような運動を作れない、作らない方が多いでしょう。覚悟がいるからです。強者に立ち向かう危険を背負う覚悟、多くの労力や面倒を背負う覚悟です。また、問題が起きるたびに、腰を上げるのもしんどいことです。そこで、負担均等のルール化を含め、前もって、助け合い組織を作っておく必要が生まれてくるわけです。

高教組の定期大会の議案書は80ページもあります。県下の職場から集められた問題・課題の書です。我が校のT・S両先生の「あわや不当処分事件」も戦術会議・中央委員会に提出され、組織として対応することが決まり、県教委に対した結果、処分することを断念させた例です。もし、高教組と分会が組織されていなかったら、諦めるしかなかったでしょう。

しかし、この組合が、今のままでは10年もすれば、分会単位ではもちろん、高教組活動もできなくなるほど弱体化する危険性があります。本校の組合員は現在12名です。そのうち、50歳以上が6

人います。1995年38名、1999年24名だったことを付け加えておきます。

私は、前の県では８年間組合員でしたが、この県に来てから９年間組合には加入しませんでした。理由は幾つかありましたが、入れば、色々面倒な仕事が回ってくるというのが一番大きな理由でした。しかし、そんな非組合員である私を分掌検討委員に選ぶ時代が来たのです。組合の弱体化を実感しました。一匹オオカミを気取っているほどの余裕はもうないと知り、加入したわけです。また、自由主義・基本的人権が言葉だけで、社会に息づかない、覚束《おぼつか》ない民主主義に変質しつつある、という現状認識も加入の理由でした。

労働組合全国組織の幹部が経営者のごとき発言をする。懲りない政治家や高級官僚は利権を守るために仕事をし、倫理をかなぐり捨てた財界のやりたい放題の経営は「カロウシ」を国際語にしてしまいました。とても、基本的人権や国民主権が国の基本理念であるとは思えない状況だと思わされたわけです。

自分が加入したからって、何が変わるものでないことは分かっています。が、組合の正常な活動が憲法の恩恵を世の末端にまで行き渡らせることができる数少ない可能性の一つであることは変わりありません。今、人権だ、自由だ、民主主義だと、安心して口に出せるのはこれらを価値とする団体組織があるからです。

最後にお話ししたいことがあります。先進的な教育実践の相当数は、組合員の見識やアイデアから生まれてきました（組合組織率が高かったのですから、当然と言えば当然ですが）。それを文部省や文科省が後追いしてきた例が多いことはあまり知られていません。グループ学習、生徒による教師評価、定期試験だけによらない評価、体験学習の実践など、これらは組合員が人知れずやっていたことです。

これらの教師文化は組合文化とオーバーラップしてきました。「良い教師は良い組合員であり、良い組合員は良い教師である」と私は教わりました。この言葉は教師の在り方が組合活動の経験の中から作り出されてきたことを如実に表しています。このことを書き添えて組合加入のお誘いとします。

（注）分掌検討委員会

1980年代までは、各県・各校、程度やその任務の範囲に差はありますが、結構、広く活動していました。校内人事は校長の権限ですが、職員間選挙で選ばれた委員で構成されるこの委員会が重要な役割を担っていました。私立学校もその例外ではありませんでした。非常勤講師をさせていただいた高校、私の母校も委員会を組織していました。公立校では、ほとんど、なくなっていると聞きます。

◆他者と物との間（分会ニュース12号　2004年10月15日）

所有者が多数派になったせいか、電車内での携帯電話使用に対して、うるさく言う人は減ったようです。不使用協力を求める車内アナウンスが力なく、型通りに聞こえるのは持っていない者の僻《ひが》みでしょうか。

とは言え型どおりでも、不使用を促すのは、使用がマナーに反しているとの社会的理解があるからでしょう。では、何をしてマナー違反だというのでしょうか？　使用している場に居合わせると居心地が悪いことが考えられます。

同質の居心地の悪さを車内での女性のお化粧にも感じます。それは突然、彼女らの部屋に連れ落とされ、彼女らのプライベートゾー

ンに入れられてしまう戸惑いです。この漫画のような場面の主人公にさせられてしまった不条理とバツの悪さからくる戸惑いです。さらに言えば、他人の聴いても、見てもいけないことを目の当たりにしてしまった後ろめたさと、同時に、自分の意志とは無関係に聴かなければ、見なければならない不快感です。そのうちに車内で裸になる人たちが現れるでしょう。「そんなこと、起こるわけないじゃん」と言うでしょうが、すでに、裸になっていることに気付いていません。自分の部屋での素顔を公衆の面前で披露していることに。

彼女らは自分の都合で、ある時は他人を物にしてしまっていることに気づいていません。居るのに居ないことにするのは他人を物としか認知していないからです。人間同士が交流し合っているなら、「相手の心モニター画面」を作り、作動させ、心を見つめ合っているはずです。「相手を思いやることは優しい」と言いますが、それは違います。他者を人として処遇するなら、相手に気を掛けることは当然のことです。人を慮《おもんぱか》る人間本性が消えているのです。ここでは他者は限りなく物に近い。そしてご本人も物に近いのです。

車内での人間の物化には前史があります。昭和30年代からラッシュが激化しました。この時、人はまさに、物のごとくに車内に押し込められます。私も12歳にしてこの洗礼を受けました。143㎝の体では息をするのも困難でした。白のズックカバンを、胸の高さに持ち上げて押し込んでもらう知恵が付くまでに、さほど、時間はかかりませんでした。余裕ができてか、しばらくしてから気付きました。それはお互いの顔がすぐそばにあるのに、挨拶もしないで知らん振りし合っていることです。他者を石と思うようにしているか、自分を石にしているか、その両方か。そうしているうちに、同化している自分に気付かされました。

しかし、この場合、他者を物と認知しているのではないのです。物と見《み》做《な》し合う暗黙の了解という知恵で、車内の不自然な関係を清算しようとしているだけなのです。それが今では「物と見做し合う了解」が「物であるという事実」になっています。

我々は他者にとって物に近くなってしまったのでしょうか。ああ、そうそう、自動車のガラスフィルム張り、雨の日の雨水ぶっ飛ばし運転、携帯電話しながらの運転、無灯火自転車運転等々。安心して、町を歩けません。自分は人間だから安心が必要だが、他人は物だから安心を求める心なんぞ、持っているとは夢にも思わないようです。

〈2018年8月22日追記〉

上の文章を書いてから14年、事態は、形を変えてさらに、進んでいるようです。スーパーのレジの列に並んでいると、係の「いらっしゃいませ。お預かりします」に応える人は10％いるでしょうか。客が係の方に声を発するのは、問われるか、要求がある場合に限られます。一言も発せずに、終わる方もいらっしゃいます。レジ係がレジの部品か、一機能に見えているかのようです。

65歳になった先日、丸ノ内線に乗ったら、私に気付いたインド青年が立ち上がりました。その必要もなかったのですが、遠慮してはバツが悪かろうと、譲っていただきました。座って、周りを見ると日本の青年らは、そろって、スマホに夢中です。思わず一首。

我を見てインド青年席譲る日本の子らはスマホに夢中
人でなくスマホが座る電車内

東日本大震災後「絆」という言葉を人々が口にするようになり

ました。その割には他人に無関心です。

今流行る社交嫌いの絆好き

そういえば、近頃、ジベタリアンを見かけなくなりました。また、車内でのお化粧も減っているようです。こんなことにまで流行があるようです。

もう、20年以上前、お茶の水の医科大学病院まで、父の検査のお供をしました。電車に乗ると父の隣の女性が化粧を始めたのです。初めて見た父はよほど驚いたのでしょう、私の脇を肘でつつきます。80歳がらみの老人と中年男の、この様子に気付かぬはずがありませんが、何事もないかのように、女性は化粧を続け通しました。この時の父をユーモラスに思い出します。

◆神仏を信じるということ

（分会ニュース14号　2004年10月29日）

「信じる」と「信用する」が同じ意味と理解していますか、違う行為と理解していますか。同じと理解しているのなら、宗教とは無縁な方です。あるいは近代的理性派人間ということになるでしょう。

通常、「あの人は信用できる人だ」という時、その対象者を観察して、信用に足る人物かどうかの事実を掴んでいます。つまり、信用する根拠を持っているはずなのです。しかし、「信じる」という行為は信用に値する証拠も根拠もないからこそ、成立する行為です。

「私を幸せにしてくれる証拠を見せてくれたら、あなたを信じて結婚するわ」

この言葉には、まやかしがあります。証拠があったら、もう、信

じることはできないからです。我々は7＋8＝15を信じるとは言いません。この女性は証拠を見せろと言うのは信じていないからです。なのに、信じるというところがまやかしです。

「信じる」という行為はどちらに転ぶか分からない中で「賭ける」ことなのです。では、なぜ賭けることができるのでしょうか。それは愛が介在しているとしか言いようがありません。この愛は神仏のそれです。もし、人間である私たちが「賭ける」ことができたら神仏と同じ行為をするのですから、尊いことです。

「神仏は存在する」と断言する人は少数派のようです。それは目に見えないからでしょう。しかし、同じ見えないものなのに理性・基本的人権・愛の存在を疑う人は少数派です。ということは、理性は目に見えない（証拠はない）が、あると信じているわけです。ならば、誰でも、神仏の存在を信じることも可能なはずです。

　もし、神仏の存在を信じることができるならば、その力も信じることができるでしょう。「宗教の世界にようこそ」です。私たちは神仏を信じることは人間の弱さの結果だという意見をよく耳にします。これに異を唱えたい自分です。確かに人は弱い存在です。しかし、一部の人が弱いのではなく、すべての人間が弱く、ちっぽけで無能なのです。だから、神仏と一体化しようとする営みとして宗教があるのではないでしょうか。弱く、狡く、浅ましく、ちっぽけで無能であることを突き付けられ、それらを思い知ることで人間は神仏に対する人になります。神仏と向き合い、厳しく真理を追究し、見極めようとする強い人間の姿勢がここにあります。この姿勢の大切さを現代人は忘れかけているように思います（絶対なるものを見ようとしない者は自分を相対化できず、己を絶対化します。「自然を守る」という思いあがりがこの好例です）。

〈2018年8月30日追記〉

この文は「神・宗教を信じる者は弱い人間だ」という見方に反発する思いから書いたことを覚えています。この見解が間違いであることはナイチンゲールやマザー・テレサやコルベ神父を挙げればすぐに分かります（アウシュビッツ強制収容所でコルベ神父は、妻子が命乞いをする男に代わってガス室に向かいました。後に、奇跡と言われるコルベ神父の行為は、五木寛之さんの「戦争では良い人から順に死んでいった」との証言の正しさを裏付けます）。彼らを弱い人間だという方は少数でしょう。

忘れてはいけません、仏教の世界にもいます。一休宗純、白隠和尚、高僧をあげずとも「妙好人」と呼ばれる在野の宗教人も多くおられます。彼らの共通点は自分に嘘をつかないことです。一休さんは「まだ死にとうない」が臨終の言葉だそうです。弱さを隠さない、さらに、自分が醜いことを隠さないことが強さの源泉であると思うのです。それはとりもなおさず、偽善を嫌うことです。偽善を嫌い、見せ掛けを恥じる、自分の真実を生きることが強さにたどり着く道だと教えられます。

稲の花知られず開きまた実る見せ掛け嫌う農夫のごとく

◆自由競争に参加しない自由

（分会ニュース20号　2004年12月10日）

ここ数年、ストレスを扱う番組が多く放映されています。「ストレス解消法」「ストレスに強くなる食事」「ストレスをストレスにし

ない方法」等々さまざまです。確かに、ストレスは避けがたいものですが、これだけ騒がれるのは今や「避けがたいもの」から「耐え難いもの」に変わったからではないでしょうか。

そこで不思議に思うのは、今をストレス社会であると認識し、それを動き難い前提と受け止めて、番組を進めていることです。ですから、過剰なストレスを作り出す企業・学校・官庁などに分析のメスを入れるという姿勢が番組制作者に見られません。「耐え難いストレス社会になっている原因はなんなのか」、ここに、まず、批判が加えられるべきだろうに、ストレス解消法に集中してしまい、現実批判に至らないこと、これが不思議でしょうがないのです。自由な精神は、必要があれば、憚ることなく、体制批判もするものです（「そんなことを扱ったら、バラエティ番組にならない」という声が聞こえてきそうです）。

大方の意見として、過剰ストレスの原因は、社会主義の計画経済が失敗した反動で、自由競争原理が再評価され、それへの信頼（信仰）が高まったことにあると推測します。これにより、グローバルスタンダードに則《のっと》る競争が始まり、企業内では、リストラと同時に能力給・査定給が導入され、社員同士の競争も明確化されています。

この競争に勝ち続けようとすれば、より過酷な労働状況を社員に求めることになり、社員もこれを受け入れざるを得ないと思わされます。現に、給料は下がるが労働時間は長くなる、深夜労働や長時間労働、ノルマの強制、派遣労働・パートアルバイト労働の多用等々、次から次と悪条件を勤労者に強いることがおこなわれています。ストレスが溜まらない訳がありません。

そもそも、自由競争とは公正（フェア）な競争の意でした。中世末期の絶対王政（イギリス・スチュアート王朝、フランス・ブルボン王

朝）は特定商人に特権を認め、彼らと組んで独占的利益を得ました。これに対して、新興資本家層は特権を排すことを要求しました。つまり、「自由競争」の「自由」は国家が強いる規制からの自由であったわけです。

ですから、市民革命を達成し政権を握った資本家層が採った経済政策の柱が自由競争であったことは言うに及びません。彼らが打ち立てた自由競争とは、国家の不当な干渉や規制を排し、生産者皆が同じスタートラインに立ち、己の能力と努力のみで競争するという公正を実現するための原則であったのです。

しかし、ソ連崩壊後に再評価されだした自由競争はフェアな原理ではないと言わなければなりません。世界192か国が同じスタートラインに立って、それぞれの能力・努力のみで競争・勝負する世界になったのだと言います。が、これは、横綱朝青龍と5歳児が土俵で相撲をとることがフェアだと言っているのと同じぐらいの摩耶《まや》かしと言わねばなりません。

グローバルスタンダードとは、今や、米国の世界戦略と同義語であり、「自由競争」の「自由」は、強い者がより強くなるための自由、弱者が滅ぶための自由です。競争原理は強者が益々強くなり、弱者をより弱くする仕組みを支えています。死にかけている病人にファイティングポーズを取らせるのではなく、この競争に参加しなくても良い自由を与えることが良識と信じるのですが、どうでしょうか。

経済が品格欠いている格差

わが日本国では、「勝ち組」「負け組」なる言葉が流行っています。なじまない言葉建てです。否応なしに競争に参加させられ、「勝ち

組」「負け組」に分けられてしまうのです。税金を納めない自由はないと思いますが、競争に参加しない自由はあるように思うのです。

私が大学を卒業したのは、第一次オイルショックの直後、教員採用試験を受けていましたが、希望者が殺到しました。そこで、文学部男子も受け入れてくれるスーパーを受けることにしましたが、ここも学生が溢れていました。聞くと、一流大学の文学部でない学生も数々。会社側も予想外の人数にあわて、急遽、面接は集団討議に変わりました。

10人程での討議、私は意見を言えば言えましたが、黙り通しました。「こいつ等を採らずに、俺を採れ」と言わんばかりの行為を憚ったのです。美しくない、慎みがないと感じました。競争から身を引いたのです。気合・根性・迫力がない男と自分でも思いました。しかし、生き方として外れていると思えない自分もいたのです。

この経験のためだと思います。県教育委員会が指導しだした、入学試験の面接で「自己アピール」させることには、強い抵抗があります。今、私と同じ思いの中学生がいるかと思うと、面接官の仕事は苦痛でした。「自己アピール」には学力ではなく、性格や人格を評価する意図があります。その危うさを思いました。改めて、「競争に参加を強いられない立場」を認める社会的合意を確認したいと思うのです。

人間は他人と較べて優れていると思いたい、そのことを他人に認めさせたいという欲を持っています。この欲の存在は事実ですが、同時に、卑しい欲でないかという思いも持っています。奥ゆかしく、慎み深く、信に生きる日本人であり続けたいと希《こいねが》う人々は多くいると思います。

〈2018年8月15日追記〉

「そう思うなら、競争に参加しなければいいでしょう」と言われそうなことは分かっていましたが、参加しなければ、経済的に苦しい生活になる可能性は高いわけです。「仕事は苦しいもの、その代償が賃金だ」と言いたげな社会に納得できない自分でした。

「豊かさが欲しければ競争に参加せよ」「競争の厳しさの中に身を置き、努力することは国民の義務である」、そして、「どんな理由であれ、競争の結果は自分が背負わねばいけませんよ」という自己責任論が根底にへばり付いています。

自己責任国家社会の無責任

今や、我慢をはるかに超える不自由さが「自由競争」の中に生きる人々を襲っています。まさに屈辱に耐えながらの仕事を強いられている人が多いのではないでしょうか。

その中、安倍政権は「働き方改革」の一環として、高度プロフェッショナル制度を提唱し法案を通しました。これはその内容から「残業代ゼロ法」とも「過労死促進法」とも言われています。過労死が社会問題化する中で叫ばれた「働き方改革」が過労死を促す内容を持っていることに驚きを隠せません。死ぬまで働かせることが国家戦略なのでしょうか。

過労死を九段に祀る合法化

今、非人間性に慣れ、耐える努力をするよりも、競争社会や管理から自分を放ちたいという人々が現われているようです。奈良時代、あまりの重税に口分田を放棄して、浮浪、逃散する人々(班田農民）が多数現れて、律令体制を揺るがせました。これを連

想させる事態です。「あまりオーバーなことを言うな」とお思いの方は、若者たちの職場経験を、じっくりお聞きになるがよろしい。あなたが二十歳だったら、職業選択に窮することにお気づきになるはずです。

自由競争がもたらす苦痛よりも経済的貧しさを選ぶ人たちがいます。自由競争に参加しない自由の行使です。そして、彼らの方がきっと、人間としてまともです。いやそれは逆で、まともだからそうするのでしょう。これは班田農民がそうであったように「消極的な反乱」です。

こう考えると、若い世代が結婚しない、子どもを産まないのも「消極的な反乱」なのかもしれません。しかし、政府は少子高齢化に真摯に向き合わないところをみると、反乱に気付いていません。静かに進む体制の崩壊に鈍感な政府です。

◆「身を立つ」教育と「身を成す」教育

（分会ニュース 23 号　2005 年 1 月 7 日）

十数年前、私の出身校の入学説明会でのことを校友会誌で知りました。われ等の橋本喜典先生が説明者として出席していたとのことです。会場は 1000 人を超す盛況ぶり。その質問は、一流大学に指定校推薦で何人行けるのか、一般入試での早慶合格者数のうち、現役者数は何人か、この類の質問がこれでもかという程に続いたそうです。

質問に丁寧に応えていた喜典さん、応答をやめ、少し、怒りを帯びた声で発言を求め、次のような事を述べたと言います。

「私たちがどんな生徒に育って欲しいと思っているのか、本校の教

育理念に関するご質問はありませんか？　どんな人間教育をしようとしているかを確認しないでお子様を入学させるつもりですか？」

ややあって、会場から拍手が起きたと報告されています。

私は「さもありなん」と思いました。喜典さんは、我々が中１の時の文化祭で「ヒマラヤの雪男」という劇を企画し、成功させました。中３の時は卒業論文を課しました。その主旨に曰く「中高一貫教育の利点の一つは高校入試がないことである。だから、これに費やすエネルギーを他に向けることができる。それが卒業論文である」と。

至極、納得させられたことを覚えています。さらに加えれば、中１の映画観賞会に、女性の裸シーンがある、あの「素晴らしきヒコーキ野郎」を選んだのです。貸し切りの映画館に13歳の少年たちの「おお～」というどよめきが起き、すぐにそれは笑いに変わりました。私が「さもありなん」と思った理由が分かっていただけるでしょう。これらの事実は、彼を中心とした教師集団が、学校教育が予備校教育には「包みきれない役割」を持っているという、あたりまえの良識に従い、仕事をしていたことを示しています

予備校の役割は大学入学願望を満たす学力を与えることです。だから、劇をやらせたり、卒論を書かせたりはしません。一流大学を卒業することが、高い収入をもたらす多様な選択可能性を保障することは、今も、あまり変わりません。つまり、予備校が担っている役割は「身を立てる」ことであると言えます。とりあえず、衣食住に困らず、家族を養える力を持ちたい、持たせたいための予備校通いです。学校教育が、予備校には「包みきれない役割」を持っているなら、それはなんでしょうか？　一言で言えば、「身を立てる」ではなく、「身を成す」ことではないでしょうか。喜典さんもこれ

を教育の本質と考え、卒論等々を実践したのだと思います。

近年、健康ブームです。確かに、身体に係わる心配・苦痛がないことは、全生物にとって幸せでしょう。さらに、健康が精神的満足の基礎をなしているということも見逃すことはできません。しかし、健康は人生の生きる目的には成り得ません。心身共に健康という財産を使って「なに」をするのか。この「なに」が生きる目的です。「人は何のために生きるのだろう」という問いを自分に発することは精神生活の始まりであり、もし、この答えに至ったなら、その完成かもしれません。限りなく深い精神世界がある。「身を成す」教育とは人間が精神性を持っていることに思い至らせ、精神生活の入り口に導く教育のことであると、私は考えています。「身を成す」教育がなければ、「身を立つ」教育はただの暴れ凧《だこ》に過ぎません。豊かさや、繁栄、活力活気に品位をあたえるのは精神生活です。「身を成す」教育が重要な所以《ゆえん》です。

私たちは学校行事を、つい、やり終えてしまえばと思いがちです。しかし、学校行事こそ「身を成す」教育の実践の場です。例えば、修学旅行は、掛ける時間・労力・費用からしてその最大なるものと言えます。ですから、その目的は職員・生徒に明確に意識されなければいけません。間違っても「一応、この様にしておけばいい」という性質のものではありません。そして、目的実現のための、具体的なアイデア・実践が求められます。もし、実現可能と思われる目的が見つからないなら、修学旅行は止めるべきです。私はその時期にきていると思います。

言いたいことは、学校行事の「身を成す」教育に対する重要性です。具体的提案は、学年単位ではL・H・R計画表を作るべきだということです。学年会で、学期毎にはこれを確定しておくことが常

識になるような学校であって欲しいと思います。その計画が「身を成す教育」を目指すことは言うまでもありません。

最後に、「高校紛争」の話を聞いてください。私は高校紛争時（1969年）、高校2年生でした。まさに、該当学年であったわけです。都立日比谷・青山高校がその真最中、我校でもストライキ・要求宣言文が立て看板と共に学校側に示されました。要求に曰く「受験体制打破（高1の校内実力テスト・高2の校内模擬テスト廃止）、高校の学帽廃止、学内の予備校化反対（教師は発言に注意せよ）」。学校は、翌日、校長が放送で回答しました。回答は「要求のすべてを受け入れる。教職員は開学以来の基本理念である誠の精神に則り教育活動をおこなっている。そのことが諸君に伝わっていなかったとするなら、身を引き締めなければならない」といった内容だったと記憶しています。クラス討議を経て、それが集約された結果、ストライキは1日で終結しました。

生徒会の中心は高2の我々喜典さん学年でした。私たちは「身を成す」教育を受けているということを無意識のうちに感じ取っていたのだと思います（そう言えば、母校は学校行事が多かった）。放送の翌日、何事もなかったかのように、いつもの先生たちが、いつものように、雑談をし、ある人は紛争について語り、冗談を言ったりして、授業が始まったのでしょう。不思議なことに、紛争解決後の先生方との気まずい記憶が何もありません。

◆フリーターという新貧困社会層

（分会ニュース28号　2005年2月11日）

フリーター・ＮＥＥＴ問題の原因を個人や家庭に特化していく論

調が多く、世論もそちらの方向になびいているように感じられます。そんななかで、我々教師が生徒や家庭の責任にする急先鋒になってはならないと思うのです。

政府は在学中の、インターンシップ、日本版デュアルシステムなどを実施しようとしています。また、既卒者には職業訓練などの支援策を提示しています。これはこれで一定の効果があるでしょう。しかし、根本的解決にはなりません。なぜなら、この問題の原因を取り違えているからです。家庭教育がしっかりし、学校で職業教育・進路指導を徹底し、若者が資格を取り、スキルを持ち、知識・技術・技能を身に付ければ誰もが正社員になれるのか、というとそうではないでしょう。この問題の根本的原因は若者・家庭にあるのではなく、企業の雇用姿勢の変化にあるからです。

しかるに、マスコミ論調には、若者を「軟弱者」扱いする報道姿勢が目立ちます。フリーターを情けない連中と言っている者たちが、実は、彼らを一番必要としているという事実を隠すための所業でしょう。

正社員という被雇用者以外に、パート、アルバイト、派遣労働と、すぐ思いつくだけでも、これだけあります。一昔前なら、パートは主婦が、アルバイトなら学生が主流でした。しかし今や、パートやアルバイトで既卒者の若者が多く働いています。

このように言うと「フリーターは、拘束制約が多い正社員を嫌ってのことで、本人の好き勝手の結果、正社員にならないでいる」との見解が出てきます。確かに、そのような人はいます。しかし、それは今や少数派です。企業が正社員以外の低賃金労働力を必要としていることの結果、フリーターが増えていると証拠づける事実があります。

例えば、先日の報道に「労働人口は増えたが正社員は減った」というのがありました。これは企業が正社員をリストラなどの方法で減らし、それ以外の労働者を雇用したと見るべきで、正社員が自ら辞め、わざわざ待遇が良くない、パートやアルバイトに志願したとは考えづらいのです。

大企業が非正規雇用者を必要としていると言いました。それを裏付ける政策が派遣労働法の改定です。改悪ポイントの一つは派遣労働できない職種を医師・港湾運送・建設・警備とし、あとすべての職種において解禁したことです。ですから、工場でのほぼすべての業務を派遣労働でまかなえることになりました。正社員を最小限以下に抑え、フリーターという、より安い労働力を使い、生産コストを下げたいという意思も濃厚に見えます。

ゆえに、フリーターの生活は苦しい。1週間も体調を崩し休めば、窮します。家庭生活を営むための収入は許されません。労働者が、普通、保障されている権利も貧弱です。今や、フリーターとは若者の新感覚生活スタイルを示すファション性の高い言葉ではなくなりました。社会階層の最下位に位置付けられた労働者身分を指す経済用語です。気が付いてみたら、財界・政府によって、そのような身分に追いやられていたのです。そして、この階層は、財界が目指す経済社会には必要な労働力であるがゆえに、社会に定着させられていくのだと思います。

上で述べたように、フリーター階層を必要とし、創り出しているのは大企業です。必要とする理由からして、非正社員の待遇、労働条件が良いわけがありません。使い捨てですから、労働者として育てようともしません。長続きできないような扱いをしておいて、我慢が足りない、わがままだ、未熟ゆえにすぐ辞めるのがフリーター

の特徴だと言いふらすのです。非正規労働に頼っていながら、彼らを蔑むのです。それこそ、ならず者の振る舞いです。少なくとも、我々教師はフリーター現象に対して正しい認識を持ち、対処、発言、提言しなければならないと思います。

〈2018年8月30日追記〉

今の日本の現状を表すのに、多くを含み込む的確な表現は「過去を食い潰す」ではないでしょうか。それは人材育成・労働力の面で顕著です。技能オリンピックの成績急降下には驚かされます。企業は現場技能者の経験を継承するための施策を採っていないのです。人件費削減意欲がその裏にあります。

世界の学者が自身の論文に引用する日本人論文の数も急激に減っています。研究費自体の削減に加え、実用研究に偏った研究費配分を続けてきた結果、基礎研究が思うようにできないからです。さらに、予算の削減は大学の研究職の椅子を減らし、不安定な地位に追いやられた研究者は落ち着いて研究に没頭できないなどが理由です。

食い潰すのは過去だけではなく、未来もそうです。1000兆円を超える国の借金のことです。プライマリーバランスは、いつになったら正常化するのでしょうか。先延ばしが続いています。正常化目標を2020年代半ば頃と言いだしたと昨日聞きました。ここまで先延ばしにしてしまった責任は誰にあり、誰が責任を表明するのでしょうか。

だれも責任を取らないという点で心配なのが、サマータイム導入です。誰が主導しているということもないのです。議員立法でと言われていますが、大問題となった時、誰が主導者として、対

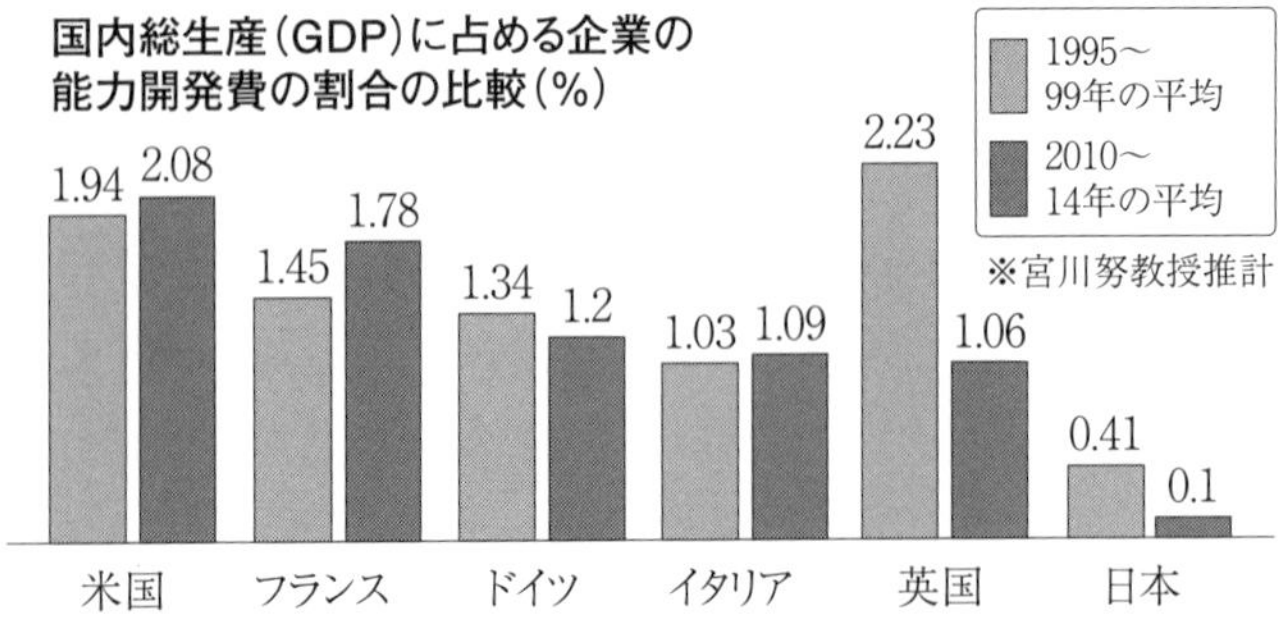

（東京新聞 2019 年 3 月 27 日付より）

応するのでしょうか。インパール大作戦と同じ悲惨（大きな犠牲と無責任）なことにならぬか、注視しています。

サマータイムランナーでなく民倒す

欧米の調査研究ではサマータイム制度が脳や心臓疾患による死亡率を上げることを明らかにしています。これを理由に、現在、ＥＵは廃止の意向を表明しています。

そして、政府は入国管理移民法を改定して、外国人労働者の受け入れを拡大しようとしています。人手不足により、安い労働力が手に入らなくなったので、外国人にそれをやらせようという、外国人に大変失礼な話です。端から、劣悪な労働を強いる結果になると予想できます。これでは、ＧＤＰは世界３位なのに、労働者１人当たりの生産性が世界 28 位というのも納得です。

◆教育基本法改悪の方向性①

（分会ニュース30号　2005年2月25日）

日本経済団体連合会が発表した「これからの教育の方向性に関する提言」に「画一的な人材を供給する今までの教育ではもはや対応できない」とあります。だから、教育基本法を変えろと言うのです。この団体がこのように言うことを奇異に感じます。

1960年代、学生や労働組合は画一的教育を廃し、個性を伸ばす教育を要求しました。「個人の尊厳を重んじ」「個人の価値をたっとび、勤労と責任を重んじ自主的精神に充ちた」といった教育基本法の条文に共感してのことです。ですから、画一的教育を廃したいとの意思を持つ財界が、教育基本法を変えろと提言する論理が理解できないのです。

加えて、財界が「個人の個性や能力を最大限に伸ばす、多様性を重視した教育」を言い出したからと言って、我々の認識と一致したとは思えないのです。同じようですが、私たちとは画一的教育を廃する目的が、願いが、描く未来が違うのです。

上の提言の始めに、「21世紀は、創造的な製品やサービス、アイデアを不断に提供しなければ、競争力を維持・向上することができない時代である。新たな価値を創造する力が、国や企業の競争力を左右する」とあります。この認識は、「少数でいいから、優秀な頭脳を持った若者だけに高等教育を施し、外国との競争に勝つ人材を企業に提供しろ」という企業の本音の表れではないでしょうか。財界は、「無能な者には高等教育はいらない。そんな無駄な税負担はご免だ」と言いたいのです。

「それは言い過ぎ、偏見ではないの」と言われそうですが、分会

ニュース28号の「フリーターという新貧困社会層」を思い出してください。そこでお話しましたように、すでに、財界は正規雇用（正社員）と非正規雇用（派遣・パート・請負・アルバイト）の区別をしています。そして、雇用形態の多様化という名で差別を激しい勢いで進めているのです（この事実は働く者の都合の結果ではなく、雇う側の都合の結果であることは言うまでもありません）。

この様に見てくると、財界が言う「個性を伸ばす」「多様性を重視」の内容が浮かび上がります。若者たちを、国際競争力を向上させるためのエリート集団と、ＮＩＥＳ（新興工業経済地域）に対抗するための低賃金労働者集団を両極にした、多様な労働者群に分けます。分けることを「多様性を重視」と言い、社会的処遇を違えることを「個性を伸ばす」という美しい言葉にしているのです。考え過ぎではないかとお思いの方には次の教育課程審議会会長として答申をまとめた三浦朱門氏（財界に近い方と言われている）の言葉をお送りします。

「できん者は、できんまんまで結構。戦後50年、落ちこぼれの底辺を上げることばかり注いできた労力を、できる者を限りなく伸ばすことに振り向ける。百人に一人でいい、やがて彼らが国を引っ張っていきます。限りなくできない非才、無才には、せめて、実直な精神だけを養ってもらえればいいのです」「無駄な税負担は御免だ」は本音です。

しかし、我々が目指している個性を尊重し、多様性を重視する教育は本質を異にします。我々が言う多様性の意味は生徒たちに自身が持つ人間力に気づかせ、引き出し、その種に相応しいそれぞれの花を咲かせてもらうという個性の伸長です、多様性の重視です。財界が言う「個性」「多様性」や、三浦氏の人間を観る視点に異を唱

えなければなりません。

◆教育基本法改悪の方向性②

（分会ニュース 31 号　2005 年 3 月 4 日）

「愛」を語るのは気恥ずかしいと言っている割には、今までに、何度も取り上げてきました。今日も取り上げようと思います。

「本当に気恥ずかしいの？」とお疑いのことでしょう。今日は「愛国心」という「愛」を語らねばなりません。なぜって？　教育基本法改定の目玉の一つが「愛国心を育てること」だからです。

「愛国の何がまずいのか？」という意見を聞きます。私に限らず、愛国心そのものを「良くないもの」という人はいないでしょう。しかし、先の日中戦争・太平洋戦争が日本人による最大級の過ちと認識する者にとって、愛国心は、吟味なしに、ハイと受け入れられない意味合いと響きを持っています。愛国心を国のために死ねることとし、国のために死なない者、国の政策に異を唱え、協力を拒む者を「非国民」扱いしました。その結果、「愛国」が国民３１０万人とアジアの 2000 万人を死に至らしめたことを素通りして、戦前教育の反省を踏まえた教育基本法に「愛国」を入れてやるわけにはいかないのです。ですから、明言します。「愛国」を教育基本法に入れようとする限り、15 年戦争を肯定する人物である可能性を、一度は疑わなければならないと思います。

　というか、もうすでに、疑われることなど恐れずに、太平洋戦争を大東亜戦争と言い、この戦争を肯定する人々や団体が多く現われ、行動しています。その代表が「日本会議」です。この組織の名を記憶しておいてください。この会が賛同し加わっている提案・運動に

は注意を払い、警戒しなければなりません。

キリストは「汝を愛するように、隣人を愛しなさい」と言ったそうです。この言葉どおりにできたら、素晴らしいことだと、凡夫は素直に思います。しかし、キリストさんが「汝等は私を愛しなさい」と言ったら、素直になれますか？　これはうさん臭いぞ！と身構えますよ。「私は尊敬に値する人間だ。私を尊敬しなさい」と言われれば、警戒します。それが正常な感性です。

国家とその機関が「国を愛することは当然で、国が愛国心を育てる教育をするのは、さらに、当然のことである」と言うのなら、キリストさんが「汝等は私を愛しなさい」と言っているのと同じ位に嫌らしさがあります。

郷土に愛着を感じない者は、特別な事情がない限り、いないでしょう。愛国心・郷土愛は人に教えられたり、強制されたりして感じさせられるものではありません。もっと言えば、「愛国心を持てない」ということがあっても批難すべきでないと思います。

愛国心は自然に持つものであるのに、敢えて、愛国心を持てと言う必要を感じるのは、その人に特定の意図があるからです。すると、「今の若者に愛国心があると思うか？　ないと思うから言うのだ」とくるでしょう。私は「感じている、持っている」と思います。ただ、若者には愛国心がないと言う人にとって、若者が持つ愛国では物足りないだけなのです。

この若者に求める「愛国」は、国家に従う精神を指していると疑うのです。ならば、物足りなくて当たり前です。彼らの「愛国心」から観れば、きっと、私の愛国心も、それとは認められないものに違いありません。だから、この国に「愛国心」はないと嘆くのです。

戦後、日本国憲法が打ち立て、国民が受け入れた精神からすると、彼らが言う「愛国心」が支配する社会・国家に再びしない誓いを愛国心と言います。私にとって愛国心とは、基本的人権と国民主権と平和主義を社会・国家の血肉とするための意志と行動を言います。若者たちがサッカーワールドカップで君が代を歌い、日の丸を振る程度では、とても、愛国心を感じられないという、歪んだ感性と偏狭さに「愛国心」の怖さがあります。

次に、分会ニュース29号で紹介しました教育基本法改悪案（与党中間報告）を見直してください。教育行政の所です。現教育基本法の10条は「教育は、不当な支配に服することなく、国民全体に対し直接責任を負って行われるべきものである」と記しています。改定案は「教育行政は、不当な支配に服することなく、国・地方公共団体の相互の役割分担と連携協力のもと行われること」としています。主語が「教育」から「教育行政」に変わっただけでしょう、とお思いでしょうか。私も最初はそう思いました。しかし、さりげなく変えていますが、これはとんでもない改定なのです。

前者の主語である「教育」は教育活動の主体者＝学校・教師を指しています。つまり、「不当な支配に服することなく行う」のは教職員を中心とした教育関係者です。しかし、改定案では「不当な支配に服することなく行う」のは国の教育行政です。ならば、不当な支配を仕掛けてくるのは、国・地方公共団体以外の「何者か」ということになります。

その「何者か」による支配を排除するとは、教育行政への「批判を許さない」ことを明確にしたと言ってよく、その絶対性と教育の独占を主張強調しているのです。

このように見てくると、「教育」を「学校・教師とその教育実

践」と定義した現教育基本法の意図が明らかになってきます。戦前に、国家＝教育行政は「教育」を権力で弾圧し、国家主義的教育を強制しました。その反省が、学校・教師こそを教育の主体者とし、教育行政を「必要な諸条件の整備を業務とする教育サポート機関」に特化させたのです。

（新教育基本法下で、教育委員会は「教育」なのか「教育行政」なのかが問題になります。発足当時の教育委員会は制度的に「教育」に位置していましたが、今は「教育行政」に組み込まれています）

にもかかわらず、国家権力による教育への強制が、露骨に始まっています。干渉を受けているのは「教育（学校・教師）」です。干渉をしているのが、国家権力と一体の教育行政です。日の丸・君が代の強制に従わない者を、そうでない者たちが認めるのが自由主義です。これを認められない者たちが、平気で「自分は自由主義者だ」と言って憚らない時代が来ました。自由主義のバーゲンセールが始まっているのです。

君が代・日の丸を強制し、従わない者を処分までしておいて、基本的人権を生徒に教えなさいと言える教育委員会の不誠実さと、そうと気付けない鈍感さが私たちを指導しているのです。薄ら寒い気分になります。

〈2018年８月16日追記〉

「お国のために死ぬことは誉《ほまれ》である」。誉としないことは許されないのです。死ねば誉ですが「お国のために死なず、生き残ることは恥であり、国家への裏切りだ」とまでにエスカレートします。死にたくないという当たり前を言うことが許されない、人間が人間であることを許さない時代がありました。サイパン・グアム・

硫黄島などの島で日本軍は全滅（軍はこれを玉砕と表現）しました。追い詰められた指揮官は質、量ともに圧倒的な米軍兵器に向かって突撃させる狂気を演じました。常軌を逸した集団自殺の強制でした。

さらに、これが兵にとどまらず、一般国民にも向けられるようになります。サイパン島で、自決を強いられ、崖から飛び降りる姿を映像で観たことがあります。本土では、空襲が激しくなると、市民に消火作業を義務付け、逃げることを許さなかったのです。国民の生命と財産を守るのが政府の役割と言いつつ、市民にその命と財産を指し出させ、国への忠誠を試したのです。

ところが、連合艦隊参謀長の福留繁中将は、フィリピンのゲリラ部隊に捕らえられ、機密文書を奪われ、米軍がこれを入手、釈放され、帰還すると、第二航空艦隊司令長官に栄転しています。捕虜になったことを責めているのではありません。それは責めません。しかし、自分は捕虜になることが当然で、兵は自決することが当然だという理由を説明して欲しいわけです。この説明は説明になりそうにありません。今なら、マスコミから逃げるために入院でしょう。

「自分に甘く人に厳しい」は、嫌われる人物の共通資質です。この不実さは日大アメフト部の内田前監督や山根前日本ボクシング協会会長に共通して見られました。国への忠実が監督への、会長への忠実に変わっただけです。

教育基本法改定案に盛り込まれた「愛国」は愛という名で忠実・忠誠を求めています。この改定との繋がりでしょう、国は「道徳」を教科にしました。もう一度言います。教育基本法は愛国を教えなさいと言っています。教科ですから、評価点を付けま

す。国が求める「愛国」の内面化度を点数にして評価するのです。そもそも、忠実・忠誠の「忠」とは誰に対しても誠実であるという徳目でした。これを国家への忠に特化したのが戦前の天皇制国家です。

道徳に点数付ける不道徳

◆偏向と公正（分会ニュース32号　2005年3月11日）

慰安婦問題をテーマにしたＮＨＫ番組に安倍晋三氏、中川昭一氏が政治的圧力を掛けたという報道があって後、真相を探るマスコミの動きが鈍いように感じているのは私だけでしょうか。

と書いてみましたが、もう、真相は明らかになっています。両氏は「番組の中に、偏向しているところがあるので、公正にお願いしたいと伝えました」と説明、圧力を掛けていないと釈明しました。しかし、これが圧力を掛けた自白になっています。ただ、そのことに、気付いていないようです。気付けない人だからこそ、この事件を起こしたと言った方が正しいでしょうか。

偏向とは、「偏っている」ということですから、正常ではない、常識から離れているという見方を相手に対して持っている場合に使う言葉です。「極端」「異端」と同義に使う場合もあります。ならば、両氏はＮＨＫ制作番組が「非常識」との認識を示し、公正の名で「極端な番組を作るな」と、今後の制作にも楔《くさび》を打ったのです。

では、偏っていない公正とは何なのでしょうか。公正・正義は憲法にその基準を置かねばなりません。憲法19条「思想及び良心の自由」、21条「表現の自由」、23条「学問の自由」、これらに従うこ

とが公正の中身です。両氏はこの公正に従いなさいとＮＨＫに求めたと説明したつもりなのでしょう。しかし、憲法は公正をＮＨＫ（事業者）に求めているのではなく、逆で、権力側に求めているのです。何のことはない、ＮＨＫは公正を求められる立場にないのです。両氏は自分が求められる公正を放送局に求めたのです。

では、安倍・中川両氏が言った「公正」とは何だったのでしょうか。それは、出所が分からない、実体がつかめない「一般的公正」とでもいうべき虚構です。政治的主張に中立公正などという位置はありません。右から見れば左が、左から見れば右が偏っているのです。

誰もが常識の基準は自分にあります。「一般的公正」の出処は両氏です。自分の常識を「一般的公正」という虚構の上に乗せたのです。

つまり、「公正にお願いしたい」とは「一般的公正」という名の「両氏の見解」に沿った番組作成をせよとの強要なのです。そして、彼らは権力者です。まさに、憲法はこれを禁止しているのです。憲法違反の疑いが強いお二人を放置している政府・国会・マスコミに苛立ちを覚えます。

Ｆ高校時代、現代社会の「地方自治」の授業で、生徒たちに市議会議員を紹介した「市民だより」を配り（市議会事務局から残部を生徒人数分いただいた）、「市議会議員に聞きたいこと」というアンケート結果をまとめ、市議会議員６名に送り、回答を求めるという教育実践をしたことがあります。発送後、１か月過ぎた頃、校長に呼ばれ、「市議会議員にアンケートを送りましたか」と聞かれ、「ハイ」と答えると、「そのことが県議会の質問事項として上がっています」とのこと。県教委から問い合わせがあったというのです。

その経緯はこうです。アンケートを受け取った、自民党議員で議長であった方が、知り合いの県会議員に、こんなアンケートをもらったが、どう書いたらいいか困っていると相談した。すると、県会で取り上げる格好の「事件」？と県会議員が飛びついたということです。議員曰く「日米安保条約、憲法９条の解釈（自衛隊は違憲かを含む）を聞いてくるとは偏向教師だ。県教委はどういう指導をしているのか。また、この授業に対する見解を聞きたい」と。校長・県教委の取りなしで、県会に上程されることは免れました。上程されていれば、懲戒免職だったかもしれないと、厳重注意の処分言い渡しの時に言われました。

憲法９条についてその立場を聞くことが、政治的論争に触れることがどうして偏向なのでしょうか。どうも、生徒たちに歴史的事実を知らせることを、そのために生徒らが護憲派になってしまうだろうと予想させる機会提供を「偏向」と言っているようです。そして、厳重注意処分にしたのですから、県教委も「偏向」と認識したことになります。

県教委の処分申し渡しの時にも、「市議会議員に国政レベルのことを聞いても答えられませんよ」と言われました。これも、おかしいですね。市会議員も自民党員です。ならば、自分が所属する政党の政策を知らないわけがありません。現に、回答をくれた、唯一の政党のＳさんは党パンフレットを多数送ってくれたうえに、ご自分の言葉で回答してくれました。すべて、取りなしてくれた校長の立場を考え、「ハイ」「その通り」と神妙にしていましたが、言いたいことは、いくらもありました。

確かに当時、私の実践は奇抜であったでしょう。しかし、今となってみると、自分で考え行動する姿勢を育てる点や地域に教育材

を求めるなど、現教育指導要領が推奨する素晴らしい授業（大分照れます）です。それを、「偏向」と決めつけ、全面否定しようとした県会議員の偏向は安倍・中川両氏の「公正」と質が同じです。今は常識でないものが、将来、常識になる可能性を認める姿勢や余裕を、社会的には自由主義と言い、政治的には民主主義と言います。自由民主党の「自由」と「民主」を疑わなければいけません。

いま、偏向を判断する基準があるとすれば、それはどんな思潮でしょうか。第二次世界大戦後に、世界が確認した原則がそれです。1945年の「国際連合憲章」、1948年の「世界人権宣言」です。もちろん、近代を生んだ時期に作られた、フランス人権宣言、アメリカ独立宣言もこれに加えていいでしょう。

その中でも、我々が忘れてならないのが「日本国憲法」です。ＮＨＫ番組を「偏向」と気楽に言ってしまう政治的姿勢が、私の授業も「偏向」と決めつけました。その反民主主義が我々の憲法を彼らの憲法に変えようとしています。上に挙げた憲章・憲法・宣言からすると、「安倍さん、中川さん、あなたたちが偏向していますから、残念!!」。

（欧州では国連憲章や世界人権宣言に代表される、第二次世界大戦後に、世界が確認した原則を大切にするがゆえに、今も、ナチを裁判にかけ、反ナチを肝に銘じている。先日、ウィリアム王子がナチの変装で仮装パーティーに行ったことへの批判が大きいことは当然なわけです。しかるに、15年戦争を未だに、欧米列強からアジアを開放する戦争であった、アジアと共に栄える＝大東亜共栄圏建設のための戦争であったと、この戦争を美化する勢力が大手を振るって、活動しているのが日本です。その中心にいるのが安倍晋三さんです）

〈2018年8月16日追記〉

上の文章を書いて、13年が過ぎました。この安倍晋三さんが総理大臣になって、特定秘密保護法の制定、集団的自衛権行使を可能にする安保法制、共謀罪創設を含む組織犯罪処罰法改定、武器輸出禁止三原則を変え、武器輸出を事実上認める防衛装備移転三原則への変更と矢継ぎ早におこなった政策変更を強行採決しました。ＮＨＫへの圧力事件を厳しく批判し、謝罪させることができなかったことが間違いの始まりだと今思います。

安倍首相は保守政治家ではありません。改めて言います。保守とは、今この時代が理想とする原則を保守する政治勢力を言います。時代が理想とする原則は憲法ですから、これを変えることに積極的な政治勢力は保守ではありません。大まかに言えば、歴代自民党総裁の多くは憲法の理想を少しずつ実現に向け努力してきました。社会福祉、公害対策、男女平等、非核三原則、武器輸出禁止三原則、不十分との批判はありますが、少なくとも、憲法の理想に従うことを建前としてきました。野党や国民の反対が強い時には強行採決をせずに廃案にすることも多かったのは憲法の「国民主権」の原則に従ってのことです。

しかし、安倍政権は憲法の三大原則に疑義を持ち、憲法改正を最大の政治目標にしています。やはり、保守とは言いづらいのです。ならば革新であると言えそうなのですが、そうではありません。むしろ、革新と言われてきた政党や文化人が憲法を守ると言い、保守的態度を持っています。革新が護憲を言うのは、変えていきたい方向＝理想が憲法に書いてあるからです。革新だった人たちが「社会主義実現」から「憲法の理想実現」に目標を変えているように思います。ということは、本来なら、保守と革新が憲

法の理想実現努力を旨とする勢力として一体化するはずなのです。ところが、その保守の姿が見えないのです。

なぜかしら、保守の牙城に、日本国憲法を理想としない議員たちがいます。では彼らは何なのでしょうか。彼らのリーダー安倍首相がおこなってきた政策と、彼の取り巻きの発言を集めるとその本質が見えてきます。麻生太郎副総理の憲法改定実行に関して「ナチスの手口に真似たらどうか」発言、その他に、人権無視、報道への強圧姿勢を表明する大臣や議員から判断すると、彼らの理想は戦前にあるようです。「言葉だけの民主主義」でない、実質伴う民主主義を求めることを危険思想とする彼らは、保守ではなく、復古なのです。

復興より復古が進む七年後

これらの例を挙げるまでもなく、安倍政権が右翼政権であると説明できることがあります。それは日本最大の右翼団体「日本会議」の有力支持者が安倍政権与党に集まっていることです。これは歴然たる事実です。周知されてしかるべき事実です。これを承知のうえで安倍政権を支持するのなら、何も申すことはありません。

ああ、忘れていました。フランスの極右（翼）政党国民戦線（現在の国民連合）のルペン党首が「私の手本は安倍政権だ」と言ったことを書き添えさせていただきます。

◆修学旅行廃止論＝文化に親しむために、お金を使う

（分会ニュース35号　2005年4月1日）

芸術鑑賞会の担当になって、費用に見合う買い物ができるかどう

かがプレッシャーでした。保護者からの100万円の重みを感じつつ、劇団の方の説明をうかがい、実際に、劇を鑑賞させていただき、選定作業を進めました。「十二人の怒れる男」にたどり着いたわけです。

しかしです。私たちは芸術鑑賞会予算の20倍のお金を、毎年、動かしています。そう、修学旅行です。私の反省なのですが、2000万円を預かっているという認識がなく、自分たちの都合を優先して、修学旅行の在り方、やり方を決定してきたと思うのです。

2000万円を預かっているという緊張感と責任感は、達成可能と思われる旅行目的を明確にし、事前指導を含めた指導計画を作り、目的を達成することを求めます。ですから、「目的は、一応、こうしておけばいい」という訳にはいかないのです。生徒の状況、学校の仕事状況などを考えて、実現可能な目標を立てなければいけません。高校の修学旅行の目的として相応《ふさわ》しく、達成可能な目的となると、そう多くはないというのが私の結論です。①観光資源が豊富な観光地での班別行動、②旅行先の今を知る班別行動・クラス別行動、③平和教育ぐらいしかないというか、浮かびません。

目的 ① 平和学習の最終章として長崎を見学する。
② 班別行動を自主的に計画し、実施する。
③ 体験学習を通じて、能動的旅行とする。
④ 事前学習を共にし、班別行動計画の決定作業から、生徒間の人間的理解を深める。

上は、平成10年度修学旅行の目的です。学年会で、これを目的とすることは「達成することも確認することです」と申し上げたと

記憶します。そういう確認をして事前指導（修学旅行問題プリント、修学旅行テストと優秀者・優秀班表彰、班別行動計画指導・旅行会社によるアドバイス会の実施、原爆関係ビデオ上映・感想文など）をいたしましたが、60％ぐらいの目的達成だったと、個人的には思っています。そうすると、計算上は、280人×95,000円＝2660万円、2660万円×0.4＝1064万円を無駄にした、ということになる訳です。

さらに言わせてください。「修学旅行は高い」と思いませんか？

飛行機代は片道17,800円でした。これ以上安くはできないとの返事でした。理由は「航空会社がこれ以上、まけない」からです。1泊9,500円〜10,000円弱が旅館料金でした。これも、1部屋に7〜8人ですから高いでしょう。というか、修学旅行は旅行関係業者にとって、簡単に利益を保証されるドル箱ではないのか？　もっと言えば、「修学旅行を食い物にしているのではないか」という不安にたどり着くのです。無理もないでしょう。「北海道スキー2泊3日飛行機で29,800円」などのチラシを目にしますから。修学旅行の往復飛行機代より安い旅行を旅行会社は一般に提供しています。修学旅行で利益を確保し、一般のツアー客で空席の無駄をなくせば御の字という経営をしているように見えます。

そこで、修学旅行を止めにして、旅行代の代わりに、毎月1000円いただいたらと思うのです。600人で、年間720万円になります。1人3年間で36,000円ですから、修学旅行費用95,000円の3分の1強ですみます。

この年度ごとの全保護者からいただく720万円で、もし、芸術鑑賞・有名文化人講演・映画・有名タレントなどを呼んでも、おつりがくることでしょう。しかも、保護者・同窓生・地域の方々も招待してもいいのです。所得が伸び悩むどころか、減少し、しかも、経

済格差が拡大している現実を前にすると、保護者の負担を減らすことも考えねばなりません。

ＰＴＡ総会に長島茂雄さんを、芸術鑑賞会に有名劇団を、文化祭に生徒の希望を聞いて、芸人波田陽区さんをなんていうことができるかもしれません。720万円を使い切るのは結構大変です。2000万円とはそれほどの金額であり、価値なのです。私は、修学旅行でこれに相当するだけの価値を盛り込んだ計画を作り、実施をすることは難しいと実感しています。

お金を有効に使い、保護者の負担を軽くし、地域と結びつき、しかも学校の特色の一つにもなる（「文化に親しむ教育」という特色をプラスできるのです）。そして、一流の講師から、直接、教えを受けるチャンスを生徒に提供できます。ちょっとしたアイデアと思うのですが、難しいでしょうか？

◆見る教師に見せる生徒（分会ニュース39号　2005年4月29日）

おお、また、八角がセクハラ発言か、と思われたでしょうか？28日の朝の打合せで、Ｆさんが生徒指導協議会の講演で「おはよう」の語尾を上げて挨拶を交わす学校は楽しく、明るく健全な学校で、下げる学校はつまらなく、暗く荒れている学校だという話を聞いてきた、という報告をされました。これを私流に言わせてもらうと、「生徒を見ない教師と、教師に自分を見せない生徒がいる学校」が荒れている学校で、表題の教師・生徒がいる学校が健全な学校となります。

私の幾多の過ちの中にこのようなのがあります。「見ている、知っているつもりだが、何も見ていなかった」というものです。初

任校M校で教師3年目、2年7組の担任の時です。当時は、パーマでロングスカートが流行っていました。クラス替えの結果、ヤンキー風のKさんの担任になりました。早速、直すように、注意しましたが、全然です。そこで、自宅に電話し、母親に協力を要請しましたが、変化なし。6月の保護者面談の時です。私の話し方に不安を感じたのでしょう、お母さんが次のようなことを話し出されたのです。

私も娘の頭髪・服装には我慢がなりません。先生にご迷惑をお掛けしていること、申し訳ありません。先生には娘が不良と写っているだろうと思います。私も先生の立場なら、そう思うでしょうから、無理からぬことです。校則違反をこれで、正当化するものでも、例外扱いして欲しいというものでもありませんが、娘の一面として、聞いてください。と前置きして、話された内容は!!　老人ホームでは、おじいちゃん・おばあちゃんの天使がKさんだというのです。キリスト教会が運営する老人ホームが自宅近くにあり、クリスチャンの友人と中学時代から、ボランティア活動をしているという話でした。

私は見抜かれたと思いました。同時に、母親の切ない思いに触れ、申し訳なく、未熟で、生意気な自分を恥じもしました。学校で見ている生徒は生徒のすべてではないという当たり前のことに、気付いていなかったのです。今まで、生徒たちの学校以外での生活を、私は無いものとして、生徒に対していたと気付かされた訳です。授業準備、授業、学年や分掌の仕事、部活動と、休日なしの生活をしていた私には、学校での生活が生活のすべてでした。だから、生徒も、学校での彼らが彼らのすべてであると思い込む、恥ずかしい錯覚に陥っていたのです。

一呼吸するごと増える恥の数

その後、Kさんのパーマがどうなったか、気になるでしょう？私は、それまで、「なぜ、パーマはいけないのか」というKさんの問いに「校則だから」「おまえのためだ」「自分の学校の評判が落ちるのだぞ」というフレーズを入れて、歯切れの悪い応え方をしていたのです。自分でも、これらの返答にスッキリしないものを感じながら。この面談の後、私は、「私がイヤだから、やめて欲しい、直して欲しいと思っている。それだけだ」とKさんに告げました（大分かっこいいし）。程なく、彼女は私の願いを受け入れました。

彼女らの卒業4年後、私が他県に移るというので、この学年の卒業生たちが送別会を開いてくれました。その時に、彼女も来ていましたので、「あの時、なぜパーマを直したのかな」と聞きました。彼女は、「先生が本心を言ったから」という答えを返しました。この時、カレンダーの「今月の言葉」になっていた「誠実に勝る知恵はなし」を名言と認定し、卒業式の日、アルバムに頼まれると、この言葉を書くことにしています。

生徒が「見えない」なら「見える」ようにすれば良いのですが…。そこで、提案があります。①放課後の部活動を見に顔を出す、②休日の公式戦、会場が自宅から近くなら応援・観戦に行く、の2つです。①の方は、以前から、たまに、やっていました。②の方は、本校に来て、野球部の試合以外、経験がありませんでしたが、先日、16日、バスケット部のM君の誘いに乗り、Yドームに行きました。結果は、ご存知のように、地区1位通過で県大会進出です。緊張感を保ちながらも、自信に満ちた生徒たちのプレーに感動しました（生徒たちが、試合後、「先生、感動したでしょう」と言うから、素直でな

い私は「感心した」と言っておきましたが)。それこそ、学校では「見えない」生徒がそこにはいました。
「見る教師」と「見せる生徒」は対をなします。「見る教師」の周りには「見せる生徒」がいます。「見ない教師」の周りには「見せない生徒」がいます。目を合わす場合、「見つめ合う」もありますが、「眼を飛ばす」もあります。教師と生徒の関係で、どちらになるのかは、教師の仕事の核に係わることです。

目が合い、その後、笑顔が交換される関係をつくる秘訣は何なのでしょうか？　教わった結果、自分は変わったのだという生徒の実感にあると言いたいわけです。成長が教師から与えられたという実感です。教科の場合でも、部活の場合でも、自分にはやる気もないし、できるとも思っていなかったことができたと自分で思え、教師や仲間たちがそれを認めてくれた時に、その関係は生まれるのではないでしょうか。

そこで、またまた、提案があります。小テストを実施し、全員が合格するまで、居残り勉強に付き合う!!という提案です。適当な小テストを設定してみてください。新鮮な発見と感動がやって来ること請け合いです。「見る教師」と「見せる生徒」は同時に「見る生徒」と「見せる教師」でもあるのです。私たちの頑張りと生き生きとした真摯な姿を生徒に見てもらいましょう。

◆憲法９条は理想か空想か（分会ニュース40号　2005年５月６日）

日本国憲法制定58年の憲法記念日です。連合国、なかんずくアメリカが創り、押し付けた憲法だから、自主憲法を創るべきだという中曽根元首相などの主張が、歴史的に、間違いであることは、既

に、書かせていただきました。今日は、9条が現実に合わなくなったから変えるという意見に反論したいと思います。

私は「平和を守るために、憲法を変える」と言う人たちに、理想としての非戦平和主義を空想と思うかどうかを聞きたいのです。空想ではなく理想だと言うのであれば、「9条をいじらない方がいい」を理解できるでしょう。なぜなら、理想は目標ですから、平和のための方策を考え行動します。戦争をなくすことができると思っているからゆえの理想です。この思いを支えることが9条の世界史的価値であります。

一方、空想と思う人は、戦争はこの世からなくならないと思っているか、なくなる必要はないと思っている人です。平和主義を空想だと言う人は平和を目標にできません。それでも、戦争をなくす＝平和を求めていると言うなら、それはふりをしているのだと言うしかありません。

国が「戦力を持たない、戦争はしない」と憲法で宣言すること以上に、平和を確実にする方法はありません。と言ったって「自衛隊という世界有数の軍隊を持っているではないか。だから、現実に合わせて、憲法を変えるのだ」と言います。しかし、単純にそうなるのでしょうか？　この例はどうでしょう。憲法24条は両性の平等を宣言しています。これに対応してのことでしょう、労働基準法4条では、男女同一賃金の原則を謳っています。しかし、厚生労働白書が認めるように、未だに、この原則（理想）は実現していません。しかし、だからと言って、現実に合わせて、男女同一賃金の原則を外せとか、憲法24条を変えようじゃないかという話を聞いたことがありません。他にも、25条生存権だって、27条勤労の権利だって、未だ、目標達成前段階にあります。失業率は未だに0％になったこ

とがないのですから。ならば、9条も理想として、目標として、そのままで良いではないか、と思うのです。

ゆえに、自衛隊は違憲です。しかし、解体することはありません。自衛隊解体ではなく、政府がするべきことは、「自衛隊を必要としない状況を創る努力」です。ここで正確に言う必要があります。違憲は自衛隊ではなくて、世界から戦争をなくす努力を放棄することなのです。この努力を政府が国民に世界に宣言し、これを続ける限り、自衛隊維持は違憲ではないと考えます。つまり、世界から戦争をなくす努力をしない、しているふりをするから自衛隊が違憲になるのです。もし、自衛隊が違憲であるなら、それは政府がそうしているのです。政府に努力を求めます。

しかし、この努力は高度な外交手腕と忍耐強い労力を必要とする責務です。だから、改憲論は憲法9条が時代に合わなくなったのではなく、政府が理想を邪魔・重荷としだしただけのことではないかと疑っています。

小泉さんは戦闘地域であるにもかかわらず、イラクに自衛隊を派遣しました。そのため、自衛隊が外国軍に守られて援助活動をするという失態を演じてしまいました。そこまでして自衛隊を派遣した第一の理由が日本の常任理事国入りをアピールするためだという分析があります。近頃の政府の外交にはこれを臭わせることがあります。

しかし、日本が今なすべきことは常任理事国に加わることではなく、この制度を廃止し、5か国の拒否権を拒否する運動の中心になることだと信じます。それが、世界の安全保障を高め、国連運営の機能アップを結果し、ノーベル賞級の国際貢献へと導くでしょう。

世界の安全保障を脅かしているのは、「平和のために戦う」と

言ってきた、そして今も言っている少数の大国です。大国は核兵器を保持しています。なのに、持とうとする国を恥らうことなく、攻めると恫喝し、本当に、軍隊を送るのです。戦後、大国が関わった戦争を歴史から削除したら、戦後史は物静かなものに変わる事実は重いと思うのです。

正気では核廃絶はできぬのか

さらに大問題があります。大国の武器輸出です。平和を言うのであるなら、せめて、武器輸出はやめるべきです。実は常任理事国5か国が、即ち、武器輸出国の本体であり、各地の戦争をお膳立てし、貧しい国民から命と富を奪っているのです。

もし、日本が平和のために「名誉ある地位を占めたい」という憲法前文に従うのなら、国連の議決は一国一票制とし、多数決原則を採り（中学の時、民主主義国家の提唱で創られた国連が強国に拒否権を認め、多数決による決定をしないのが疑問でした）、その決定に従い、一致して行動する原則を創る努力をすべきです。大国は拒否権に頼らず、大国らしく、諸国を説得する度量を発揮してほしいものです。

上の提案が採用されれば、世界はもちろん、日本の安全保障の精度は、格段に向上するでしょう。真に平和を希求する諸国と連帯して、自衛隊が縮小しても、さらには、なくしても、国民が不安を感じない世界に舵を切れます。憲法9条を掲げ、真に、平和を希求する国として、国際社会で名誉ある地位を占めます。そうすることが9条を空想とするのでなく、理想とする日本人の生き方です。改憲論議に惑わされず、もう一度、理想平和主義国家として、日本を再出発させることから始めましょう。大きな飛躍は空想を理想とすることから始まっています。

〈2018年11月8日追記〉

近頃、政府は常任理事国入りのための行動をしているようにしか見えません。９条を改定して、軍隊を持ったうえで、常任理事国入りをアピールするのでしょう。これが実現したなら、米国の補完的地位を得て、覇権国家入りするのでしょう。

追従で国を損なう安保ン丹

しかし、覇権国家はもれなく核兵器を持っています。市民が改憲問題を考える時、このことも加えて考えなければなりません。

◆長所と短所を生かすコーディネーター

（分会ニュース44号　2005年6月10日）

３年現代社会の授業で「３つの自分」という提出課題を生徒に課しました。３歳の時の自分を報告しなさいというものではありません。中間試験を70点満点とし、30点を課題に割り振りました。配点の大きさは、この時期、生徒が取り組むべき、大切な精神的作業と判断したゆえの措置です。まぁまぁ、やったかなという結果でした。が、Ｏ君が提出しに来た時、「先生、これやって良かったよ」と言ってくれたこと、ＰＴＡ総会の時、Ａ君のお母さんに「素晴らしい授業ですね」と誉められたこと、大変、嬉しく、教師冥利に尽きると感じました。

「３つの自分」とは、①自分が見る自分、②他人が見る自分、③自分がなりたい自分、の３つです。「自分が見る自分」には長所・短所、好きな言葉、尊敬する人物、よく観るテレビ番組、神仏を信じ

ますか、大人・社会に言いたいこと等々を書く。「他人が見る自分」には３年間一緒に生活したクラスの仲間に、自分のことを書いてもらう。この際の条件は、①「書いて」と言われた人以外は書き込んではならない、②長所として書いてあげる、の２点にしました。「自分がなりたい自分」は人格・性格、職業などを書くものです。そして、最後に生徒が書いたものを読んで、保護者が感想を書く欄を作りました。

上の条件の②に「長所として書いてあげる」と表現しました。これは、「長所は長所ゆえに短所となり、短所は短所ゆえに長所になる」と生徒たちに言っておいたので、書くなら「長所」で表現して欲しいと伝えた訳です。

どうも、我々現代人は二元論でものを理解する癖が付いているようです。解るとは「分かる」が元字であることから予想できるように、分け、区別することで至るものらしいです。だから、二元論は分かり易いのです。ドラマ「水戸黄門」が、未だに、高い視聴率を維持しているのは、やはり、二元論の分かり易さが理由と推測できます。良き者たちと悪き者たちが、火を見るより明らかに色分けされ登場し、それぞれをにじみ出す。結果は、良き者たちが救われ幸せになり、悪き者たちは罰せられ多くを失います。視聴者はこれが嘘、虚構であることを熟知しています。現実にない虚構と知りつつ、１時間ぐらいは虚構に浸りたく、30年間も続けてしまうのです。二元論という、分かり易い単純化は嘘を多く含んでしまう宿命にあるのです。

長所と短所に分ける二元化にも嘘があります。これも分かり易く提示する方便です。本当は長所でも短所でもなく存在しているのです。その存在がその本性に従い、動きます。その結果が集団や社会

にとって評価に値すると「長所」と呼ばれ、逆だと「短所」と命名されるだけのことです。別の言い方にすると、「長所は長所ゆえに短所となり、短所は短所ゆえに長所になる」となるのです。

日頃、私たちは他人の長所・才能・能力に嫉妬してしまいがちです。しかし、そうではなく、それらを自分たちの集団のために、生かしていこうとお互いに思えたら、素晴らしくありませんか。教師は、クラスの中で、この素晴らしいことを実現するコーディネーターだと思います。自分が集団員として受け入れられ、役割があり、その仕事振りが評価され、誉められるほど、心浮き浮きすることはありません。生まれてきて良かった、頑張ってきて良かったと思える瞬《とき》です。クラスの生徒みんながそう思える状態にするコーディネーターが教師だと、言いたい訳です。生徒たちも、お互いの性格・才能・能力・適性を知り合っていて、どの場合に誰を抜擢したらよいかを判断できる、そんなクラスがいいですね。

クラスの生徒同士が、お互いを見合っていて、どんな奴かを知っていること、これが、課題「３つの自分」の成功条件です。幸い、本校では、３年間、クラス換えがありませんから、この前提を予想できるのです。「自分が見る自分」と「クラスの仲間が見る自分」と「なりたい自分」がもし一致したら、どうでしょうか？　これは、一つの（　　　　）というものです。

（ダンサーで、松健サンバの振付師の真島茂樹さんが故郷宇都宮を訪れ、昔を振り返り、同市民と松健サンバを踊るという番組を観ました。市内の幼稚園、小学校、社交ダンス教室で松健サンバの振り付けを教えて回った後、彼は、市民ホールに、先ほど松健サンバを教えた人たちが集まっていることを告げられます。松健ダンサーズやメイクさんたち、いつものスタッフも来ています。舞台に出る準備をしているところに、ダンスがまだ

奇異な目で見られていた小学生の時、ダンスを頑張れと励ましてくれた先生が登場。松健ダンサーズと舞台に出、集まった市民の人たちとの踊りが始まります。ちょっと、感動的な場面でした。

50代後半の歳まで諦めずにダンスを続けてきて良かった、感謝の気持ちでいっぱいと爽やかに、真島さんは泣きます。嘘のない真の人がそこに写し出されていました。「成りたい自分」になり、それを続けてきた幸せな苦労人が周りの人たちも爽やかに泣かせているのです。私も、幸せすぎて、感謝泣きする真島さんに共感の涙を送ってしまいました）

上の（　　　　　）に（しあわせ）を入れたい自分です。

◆生徒、幸せを語る（分会ニュース48号　2005年7月8日）

現代社会の課題で、資料を提示しつつ、次の4点に答えてもらいました。

① あなたはどうなれば、しあわせですか。あなたの幸せイメージを書いてください。
② あなたが会いたい人、大切な人は誰ですか。
③ あなたがやりたいことは何ですか。一生掛けてやりたいことがありますか。
④ 今、あなたは幸せですか。

みんなの意見は項目別にプリントにして全員に配ります。それを基に授業します。

①〜④まで、多くの意見がありましたが、省略いたします。

課題の提出を受け、忙しいまま、読んでしまったのですが、学年

集会で紹介するので、もう一度読み直しをしました。すると、時間に追われて読んだのとは違う世界に引き込まれました。「短い文にも多くのメッセージがあるのだ」と知ることができました。

例えば、④－6「今は、幸せとはいえない」。これしか、書いてありません。「評価の仕様がない」というところです。もし、他の項目についても、この程度なら、5点満点で1点でしょう。そう評価して次のプリントに移ってしまうというものです。しかし、読み返してみると、深い、この子の思いが浮かび上がってきます。「今は」とあるのです。「将来は幸せになれる」と思っているか「幸せになってやる」という意志が見えてくるわけです。これと同じ幸せ感を持つのが④－3「辛いという字に一本足すと幸せになるというように辛いことがあれば幸せもあると思う」、でしょう。もう一つ、①－9を読んでください。「俺が稼いだ金で、嫁や子どもがうまい物を食べ、いい物を買って喜ぶ姿を見たら幸せ」. この文から、この子は、今までに何度も、父親に喜ぶ姿を見せてきたのだろうことと、その時、父親の満足そうな、幸せそうな表情を見逃していなかったということが想像できるのです。もう一度、他の文章も、注意深く、読み直してください。

次に気付くのは、「幸せは特別なことではない」「日常の中にある」という共通の認識です。④－8「正直不満はある。すべてのことに満足しているわけではない。だけど、確かに、自分はこうして生きているわけだし、朝起きて『おはよう』と言える相手も、しゃべったりする相手もいる。これからも、普通に生活できる、それが幸せ」、12「幸せです。当たり前に毎日を過ごしているけど、この当たり前が幸せなのかなと思います。大切な人と一緒に生きて行けるだけで幸せだと思います。『青い鳥』の言葉が印象的に残ってい

ます。ずいぶん、遠くまで探しに行ったけど、いつもここにいたんだ。幸せはすぐそこにある。当たり前で気付かないでいることがあると思う」。

これがこの代表的意見です。当たり前のことの中に、幸せを感じ取り、発見できるということです。その前提が平和であることは言うまでもありません。①－14「世の中が平和、戦争などがなければ、幸せです」「平和」を幸せの条件に挙げた生徒諸君は多いのです。

「しあわせ」と答えた生徒が多数派でした。しかし、④－5「自分は幸せかもしれないが、私は自分が幸せと感じたことはない」、14「実感はないけれど幸せだと思います」、17「実感はありませんが、この何気なく過ごしている時間が幸せだと思います」を読み解いてください。幸せと答えていますが、その「実感がない」というのです。

我々、大人はどうでしょう？　実は、同じなのではないでしょうか。そこで④－10「幸せと言えるかどうかわからないが楽しい日々だと思う。これからの人生、幸せと思えることが何回か来ると思うので、それまで自分なりに人生を送りたい」、19「答えられない。むしろどうか分からない。認めてしまえば、それを納得していることになるから、認めたくない」です。この二人の共通点は「これが幸せなのか？」という疑問にあります。また「幸せと思えることが何回か来ると思うので」の「来る」です。幸せは来るのを待つものとの認識と「これが幸せなのか」との思いとの関係です。私たちは、いま、本当に幸せなのでしょうか？

そこで④－1「変わることのない日常の波に流されて、ただ、淡々と生きてゆく中、変わらぬ自分がもどかしく、変わらぬ自分が憎らしい。恐怖はなれることはできても、克服することはできない。

ただ、ひたすら生きるだけなら、死ぬことが最大の変化で、最高の幸せかもしれない。でも、変わる勇気は自分にはない。ゆえに、幸せはない」の登場です（この文章は、むしろ、詩と言った方がいいでしょう。しかも優れています）。

これは④－13「日本に生まれたことだけで幸せ」への宣戦布告とも言える内容です。生活に不自由しない平和な日本。この日常や社会は、生命の生理に叶った水に、空気に、光りに満ちているのか？　この疑問ゆえに、変わりたいのだが変われない自分への不満と戸惑いがこの生徒の苦しみであり、不幸なのです。

ちょっと気になる、不安を感じさせる答えがあります。思い過ごしであって欲しいのですが。①－12、16、17、18です。「何も苦労しないこと」「自分にとってすべてが都合いい世界」。苦労を苦労とせず信じる道を歩むことに喜びを味わう幸せイメージは、もう過去のものなのでしょうか？　思い通りにならないのが人の世と観念し、敢えて、苦しい道を進む生き方は、もう、どん臭いのでしょうか？　スマートではないのでしょうか？　「すぐに、手にすることができるものが薄っぺらい」は、偏見なのでしょうか？　ここでも大人が問われているように思います。「大人」とはどんな資質を持っていなければならないのかを問い直す夏休みになりそうです。

生徒諸君の答えを読むと、生徒のことはそれなりに見えてきますが、「幸せとは」が見えづらくなります。迷い、戸惑い生きることが人間の宿命であろうと、私も思います。宿命に戦線復帰させてくれた生徒諸君に感謝もし、恨みも言いつつ、課題提出後の報告とします。

〈2018年8月27日追記〉

「幸せとは何か」を問う課題への答えを読み直して感じたことは、

この歳になっても「幸せとは何か」を考えてしまうことです。

高校生は「幸せとは何か」を考えるほどに大人になっているはずです。しかし、真正面から幸せを語ること、語り合うことはしません。授業で求められたから答えるというものです。ここで、教師の役割の重要性を再認識させられます。幸せを語り合うきっかけや場を準備するという役割です。教師になって、「指導」という言葉に抵抗感を持ち続けてきましたが、この役割を「指導」と言うなら納得です。

もう一つ、多くの生徒が、平和が幸せの前提という認識を示したことは嬉しいことでした。正直に言うと、「驚き嬉しい」です。８月６日、９日、15日が何の日か知らない生徒たちが平和の大切さを口にしたことは「そうなの…？　そうだなぁ～、嬉しいなぁ～」と表現できる事態でした。しかし、その平和が脅かされる時、みんながどう考え行動するのか、しないのか、それが気にかかります。

今の私の幸せとおぼしき生活の一端を五七五で!!

心太《ところてん》舌滑らせて発音す
魂が枕に沈む昼寝かな
若冲の牡丹彩なる苗植える
限りある命に眩し天の川
枯葉散る涙するほど暇でない
クリスマス鮪捌いて蜆汁
冬帽子影も気取って歩いてく
東京の江戸に戻りし雪の夜
儘ならぬ我以外に悩みなし

一日は三度の飯とこの一句
動かねば何も動かぬ一人者
幸不幸悩む不幸に気づく幸
歳時記の厚み豊かな暮しあり
インスタバエ我が家にはまだ飛んでない
スミマセン何もせぬのに腹が減る
我が犬は納豆好きのジャパニーズ
何もせぬ贅沢な日は梅茶漬け
税引き後タンスへイブン民悲し
千葉の風ショパン流してパリの風
注文を迷うも味の一つなり
小春日や犬に幸せ問う吾の傍で尻尾が静かに揺れる
剥製のハチの眼に見る悲しみに耐え兼ね愛犬《いぬ》をきつく抱きしむ

◆**やせがまんの美学**（分会ニュース 49 号　2005 年 7 月 15 日）

平成も 17 年、多くの野生動物が絶滅の危機に陥っていることが問題化して久しいですが、滅び行くものは生物だけではないようです。淑《しと》やかさ、雄々《おお》しさ、麗《うるわ》しさ、恥じらい、潔《いさぎよ》さは、今や死語になりつつあるように思えます。この中に「やせがまん」を加えなければいけません。

やせがまんというと「武士は食わねど高楊枝」が浮かんできます。これは、気位ばかり高くて威張っている侍の、世間体ばかり気にしている「すかんぴん振り」を皮肉っていますが、やせがまんと言えばそのとおりです。やせがまんと聞いて、皆さんは何を思い浮かべ

るでしょうか？

私は、映画「無法松の一生」の無法松の「やせがまん」に感動した中学生の時を、思い出します（もちろん、テレビで観たのですよ。1958年公開）。三船敏郎演じる無法松には彼を理解してくれる、軍人のご主人がありましたが、亡くなってしまいます。その後、無法松はその妻（高峰秀子が演じている）と子のために、何かと尽くします。もちろん、それは亡き主人への恩返しであり、忠心からです。

だが同時に、無法松は主人の妻への恋心を打ち消すことができないのです。ないと言えば自分に嘘をつくことになると気付いているのです。自分が忠心から二人に尽くしているのか、恋心からなのか区別が付かなくなってしまい、己の浅ましさに苦しみ、彼は離れようとします。

私はこの誠実な「やせがまん」を、今でも、美しいと感じます。主人と仰いだ方の未亡人に恋心を感じることが、もうすでに、許せない無法松。人の道を逸脱した己を恥じる無法松に、築き上げてきた人格を見出すからです。人生ゆえの、避けがたい苦しみに耐える魂の尊さに、自ずと、手が合わさってしまうのです。

建前と本音、今、建前の分が悪いように見えます。「それは建前だろう」と言う時、融通がきかない、役人然とした人間味がない冷たさ、そんな姿勢・態度を連想されてしまう時代になってしまいました。一方、「本音を言っている」と言うと、「正直でいい。それが、人間の本性だよ。格好付けるよりずっと良いよ。人間的で好感持てるよ」といった評価をする風潮が強くなっています。本音を言えば何もかも許されてしまい、建前も道理も棚上げしていいと、皆が錯覚している。本音の解放です。ゆえに、建前を軽視し、建前に価値を認めたがらないこと、今の日本が際だっています。

そこで、無法松の「やせがまん」の評価です。確かに、無法松は建前に生き、「やせがまん」しています。この無法松に対して、現代人は「本音で生きればいい。正直に生きればいい。本性に従い生きればどう」「未亡人への恋心を、なぜ、隠すのか、恥とするのか。隠し、悩んでいる方が嫌らしい」「自分の思いに従い、行動することが人生を生きることではないのか!!」、このように言いたいのではないでしょうか。

建前を広辞苑で調べると、「標準・方針・原則」とあります。さらに、原則を調べると、「人間活動の根本的規則」と出ています。この建前を軽視するのなら、起きて当然と思われる事件・出来事・現象が幾つも浮かんできます。駅前駐輪族、公道サーキット族、河川敷をマイゴルフ練習場にして憚らぬ中年、平気で嘘をつく道路公団副総裁、列に加わらず電車が来ると脇に滑り込み座席を確保する大学生、危険と認めつつ30年間アスベスト生産・使用を禁止しなかった厚生労働省等々。

この様な建前を軽視し、その価値を認めたがらない風潮はどんな時に生まれてくるでしょうか。①建前を守ることが社会を混乱させてしまうと皆が感じている場合、②建前を言う人たちが尊敬されていない場合です（つまり、政治家・官僚・経営者・医者・教育者・宗教者などが批判され、からかいの対象であっても、尊敬の対象ではない場合）。今の日本はこの二つにピッタリ当てはまっているように見えます。

であるのですが、正直言うと、第3の理由があります。しかも、それが一番の理由であると思うのです。それは「建前を言えば自分が建前どおりの行動を採らねばならないから」、つまり、しんどいから建前を言いたがらない、軽く見ようとするのではないかとの理解です。

しかし最近、建前に拒否反応を示す人たちも「こだわり」には好印象を持っている様子です。こだわり料理人やシェフや大工に代表される職人は、頑固一徹の妥協しない姿ゆえに、今や、若者たちのあこがれと尊敬の対象です。これは、職人たちの誇り高き「こだわり」に向けた尊敬です（それだけ仕事に誇りを見い出しづらい時代を若者が生きているということなのでしょう）。

もしそうであるなら、建前を生きることも尊敬に値するのではないでしょうか。戦後間もない頃、日本は食糧不足ゆえに配給制度を敷いていましたが、配給だけでは命を保てませんでした。そこで、違法の闇商品が、半ば公然と売られ、それを買い、日本人は生命を繋いでいました。そんななか、一人の裁判官は違法である闇商品を一切食べず、栄養失調で亡くなりました。平成の世は、彼をばかげた建前人間と笑うのでしょうか。彼は裁判官としての建前を誇り高く、人生を全うしたのだと思います。こだわりの頑固一徹職人が尊敬の対象であるなら、この裁判官も仲間に入れてやるべきでしょう。こだわりの極地にある人物ですから。

やせがまんの美しさは、実利・世俗的価値を求めず、この世を捨て去る精神の働きにあると思うのです。この働きは人間を超える方向性を持っており、あの世からこの世に向けた光です。この光が照らしだすものこそが「やせがまん」と思うのです。「やせがまん」はあの世につながる誇りなのかもしれません。

一瞬と永遠を行き交う蛍かな

〈2019年1月13日追記〉

「やせがまん」の美学を忘れてしまったのは日本だけではないこ

とが、近頃、明らかになってきました。「本音を言って何が悪い。もう我慢はしないぞ」、そんな声が世界中から聞こえてきます。しかも、「分断から統合へ」の優等生であると目されていたＥＵリーダー国もその例外ではないのです。

ＥＵの場合、本音を解放した原因はシリア内戦による難民の流入、アメリカの場合は中南米からの難民受け入れへの不満や不安や反感でしょう。ならば、「やせがまん」を止め、建前をかなぐり捨て、本音を丸出しさせているのは「戦争」と「経済格差」と言えるのではないでしょうか。そして、「分かち合う」という「やせがまん」ができないことが、分断から統合へ向かう道を塞いでいるのです。

近代が欲望の解放から始まったとよく言われます。その近代が成熟しきって熟れ腐り始めた今、解きはなたれた欲望を回収しなければ、未来がないように感じられます。「金儲けのどこがいけないのだ」。ここから近代が始まったのですから、利益を得ることを目的化しています。村上ファンドの村上世彰さんに論理的な反論をすることが難しかったのも当然だったのです。

欲しがれば俺より金が偉くなる

このような評論めいたことを言っている場合ではありません。それほど、我々は追い詰められているように思います。近代を超える理論と倫理が求められます。そのキーワードは「やせがまん」かもしれません。あの世につながる節度＝自己抑制が身を守る時代、忍ぶことが美しさの源泉となる時代が来ることを期待しますし、その予感もあります。

◆組合員減少が表すもの、結果すること

（分会ニュース50号　2005年7月22日）

11年間の両親との別居生活を終えて、同居してから1～2年が経った頃です。父が、突然、「おまえは自分一人で生きていけると思っている」と無感情に言ったことがありました。その場の話の脈絡からは、明らかに外れていたので、怪訝に感じましたが、その場は聞き流しました。父も追い打ちを掛けてきませんでした。しかし、その言葉がやけに気になり続けています。言われてみて、思い当たることが出てきたからです。

私は、これまでの人生を振り返り、人に心底、感謝したことがないと気付かされたのです。感謝の意を伝えることは日常やっていましたが、儀礼の範囲を超えて「有り難う」を言ったことがないと言い切れたのです。「人生は自分の力で切り開くものであるから、他人の力を当てにしてはならない。それが自立というものである」、そう自分に言い聞かせていたと思います。

それはそれで良いのですが、このことが他人のお世話になっていない、助けられていないことと同義ではないことに思いが及ばないままでいたのです。自分の意思とは無関係に、人間は他人に助けられているという、単純な事実が見えないほど、想像力が欠如したままでした。なのに、自分は心と人間関係に敏感でなければならない教師をやっています。今、父の言葉が重いのです。

しかしです。この鈍感さは、私だけのものでないと思える毎日です。日々の報道に接すると、「一人だけで生きていける」と思っている多くの人物たちに出っくわします。周りにもいます。これは時代なのだと思い始めました。父が、あの時、追い打ちを掛けてこな

かったのは、「おまえだけではないからなぁ」という観があったからなのではないかと思うほどに、「私」で溢れている日本です。

確かに「一人で生きていける」時代です。「これで、一人で生きていける」と教職を得た時、そう思い、安堵しました。父は、これを錯覚だと言ったのです。

金があっても、売ってくれる人がいなければ、消費できません。交換する品物がなければ、金はただの、紙切れにすぎません。このことを、大量生産・大量消費の時代に意識する人は少ない。「俺は客だ」と威張る人がいますが、「買ってやる」が言えるなら、「売ってやる」も言えるのです。需要と供給のバランスの状況で力関係が変わります。状況によって、いい時は「買ってやる」と言い、悪くなれば「売ってください」は浅ましいでしょう。普段から、「買っていただく」「売っていただく」と、お互いに感謝し合う関係が支え合う人間社会の姿です。

仮に、「一人で生きていける」ことにしましょう。しかし、そのことが、「より良く生きる」ことを妨げるでしょう。経済的な、物質的な豊かさは「良く生きる」ことの条件にはなっても、そのことそのものではありません。今、よく言われる「精神的豊かさ」を求めることは、実は、人間関係の豊かさを求めることと同義なのではないでしょうか。

「人間関係」は人の間の関係とも読めます。個々人は他者との関係を含めて自分に成っています。というか、他者との関係の網の目を取り払ったら、自分が消えてしまうことを知らねばなりません。自分が「在る」のではなく、関係網それ自体が自分であると言ってよいのです。この関係網の中に、信頼とか、感謝とか、安らぎとか、温もりを見出せることがこころの豊かさで「より良く生きる」こと

の本質だと思うのです。だいいち、自分を語る時に、何人の人たちのことを語らなければ、自分の半生を伝えられないかを考えてみればよいでしょう。「より良く生きたい」と思わぬ者はいません。ならば、「一人で生きていける」はやはり、錯覚と言うしかないのです。

組合員が減り続けています。確かに、組合費は負担です。組合に何ができるのか、一般組合員を代表していると言えるのかなどの不満もあるでしょう。だが、これらが、脱会する、新規加入しない真の理由ではないと私は思っています。突き詰めれば、根本的理由は「一人で生きていける」と感じ取っているからなのだと思うのです。

実は、組合員が減っていることの本当の怖さは、組合活動が低調になり、機能しないという問題ではないのです。助け合うことを忘れた職場が希薄な人間関係のなか、お互い無関心になり、孤立して、個別に仕事をこなす、ただの集合になってしまう危険性をはらむことなのです。そのために、職場の活力・清新さ・柔軟さ・適応力・問題発見解決能力が失われ、組織が死に体になる怖さです。

この様な組織の構成員はより広い視野でものを捉えることが苦手です。自分の守備範囲も狭い。真剣に係わり、責任を感じる範囲が狭く、その姿勢も脆弱になりやすい。私はこのように捉えています。偏見に満ちたものであると思われることを承知で、敢えて、言わせてもらいました。私の経験からは、この様にみることが、現実により近いと思えるだけのことです。活力が職場になくなったのは職員の高齢化と多忙化が原因との見方もできますし、それでもありましょう。しかし、根本は上述のとおりと感じ取っています。

現時点で、既に、分会活動を失っている学校が多数派だというのが実情です。このまま、10 年もすれば、高教組本部の活動も怪し

いでしょう。私が分会ニュースを書き始めるきっかけになった「Ｔ・Ｓ両先生事件」を例に取って考えてみましょう。もし、分会活動がなければ、管理職に疑問を投げかけることはなかったでしょう。「職務命令違反」とされ、何らかの、軽くない処分を受けたはずです。教育委員会が社会正義にもとる行為をし、それを仲間の教師が放置する事態になったことでしよう。

私が恐れるのは、この様な時に、無関心でいられる教師になってしまうことなのです。この事件を例にするなら、見捨てたことへの言訳は「意地をはって指導案の提出を拒否しなくてもいいだろう。自業自得だ、面倒見切れないよ」。そうでしょうか？　「指導案提出を強制するのは当然だ」という意見もあるでしょう。それも意見と思います。しかし、この意見ゆえに、あわよくば処分して、見せしめにしようとした教育委員会を追及しないことにはならないはずです。正当化の必要さえ感じない教師が現われないことを祈るばかりです。

最後に、私が定年退職する者であると仮定して、「仲間である教師の運命に無関心でいられる者が、生徒の運命に関心を持てるとは考え難い」という心配を吐露しておきます。

〈2018 年９月５日追記〉

最後の文です。何と早期退職を仄《ほの》めかしているではありませんか。驚きました。退職の８か月前です。もしかすると、「どれほどの方が読んでおられるのか、どれぐらい深く読んでくれているのか」を試したのではないでしょうか。ちなみに、「辞める気じゃあないの」と飛んで来る人はどなたもいませんでした。

はっきりと、いら立ちの気持ちが文章から感じられます。残念

ながら、13年後、私の心配は的中してしまったようです。「中央委員を送り込んでいる分会はどれほどあるのか」「校長交渉を各分会はしているのか」「朝の打ち合わせで、組合からの連絡をすることは認められているのか」。情報が少ないこともありましょうが、元同僚の組合員は多くを語りません。事態は想像以上なのかもしれません。

◆人は祈る（祈りの発見）

（分会ニュース56号　2005年9月9日）

人はなぜ祈るのでしょうか？　祈るとは、神仏に幸せになるようお願いすることです。特に、若い人たちは、祈ることが他に頼ることであるうえに、その不確実性ゆえ「よし」としないように見えます。

「祈ることでは何も解決できない。全力でぶつかって道を切り開くことが生きることではないのか」。人生をこのような姿勢で生きることに、異議を唱える必要を感じません。しかし、「人には無限の可能性があり、できないことはない」には不安を感じます。近代精神が人間理性に絶対の信頼を置き、神からの解放をいい、理性を前面に押し出し、人間中心の世界に作り変えるようとする方向性とそのエネルギーには恐ろしさを感じます。「できないことはない」には、これと似た不安を感じるのです。

この世は、儘《まま》ならぬことで溢れています。なのに、できないと言うことが怠け者であるとか、やる気がないとか、生きる姿勢が悪いなどで片づけられがちです。私は、最近、思い違いをしていたことに気付きました。それは「やればできる、と叱咤激励する人たちは

がむしゃらに、真剣に当たってきたから、そう言うのだ」という判断についてです。実は、そうではなくて、限界までやり尽くしたことがないから、「やればできる」を簡単に言えるのではないかと見方を変えたのです。限界までやっても目的を達成できないことの方が世の中には多いようです。いくら頑張っても、できないとしか言えないことがあります。

現代人が避けて通そうとしている「死」の問題。幾ら頑張っても、死なないことはできません。不老長寿を切望しても、生まれ出でて、死なないで済んだ者は一人もいません（死にたくない、死にたくないと、死なないのも困りものだとは気付かない。加えて言うなら、あの世に逝って、未だ、帰ってきた者が一人もいないのだから、彼の地は住みやすいのではないでしょうか。とある落語家が言っていました）。

頑張っても、どうにもならぬことは「死」以外にも沢山あります。「私」ができることは限られています。アフガニスタンに、スーダンに、コソボ等々に難民がいます。チェルノブイリには、今も、苦しむ子どもたちがいます。学校に行けない切ない子どもたち。冬に市場で食べ残しやこぼれ落ちた僅かなトウモロコシを拾い歩く北朝鮮の浮浪児（コッチェビ）、10 円のワクチンが用意されずに死に行く多数の子など、地雷に足をもぎ取られた、砂漠化で泥水を奪い合う…子どもたち。私たちはこの中の 10 人いや、例え 100 人の支えになれたとしても、あとの何千、何万、何十万の子どもたちを見殺しにしています。そんな時、私たちは、10 人、100 人以外の子どもたちに対して、幸あれと祈らずにはいられません。情けないですが、それが現実です。この現実に、私たちは、どう対峙したらいいのでしょうか。

見守る者は、祈ります。より多くを背負い心痛める者は、祈りま

す。自らの非力を思い知る者は、それゆえ地団駄踏み祈るのです。その地団駄のうちに神仏やＹＯＵ（現代宇宙物理学が想定している、運動発動者のこと）などの超越者と出会う者は、祈るのです。

さらに、人は祈ります。我々は、どんなに大切な人のためであっても、他者の人生を生きることはできません。一部、運命を伴にすることができても、一体化することはできません。その意味で、人は、根源的な孤独を生きなければなりません。代わりになれないなら、お互い、愛する者のために祈るしかないのです。息子の代わりに、母親は大学試験できない。娘が犯した犯罪の罰を、父親が代わりに受けることはできない。見守り、励まし、祈ることだけが許されています。

背負うものが多い人は祈ることも多く、辛さも募ります。しかし、祈りが多い人は幸せです。なぜなら、大切なものが多くあり、愛する人がたくさんいることの結果、祈るのですから。祈ることを覚えぬ者の人生は貧しく、喜びに欠けるものになるように思います。人と人との間が喜びの住処《すみか》です。祈ることは人と人との関係の中で最も尊い結びつきです。

〈2019年３月21日追記〉

「善は人と人を結びつけることに、悪は引き離すことに関係している」ならば、祈りは善に属します。

近代は分けることで理解を広げる構造を持っています。「解ることは分けること」。分類し、分析することが科学の真骨頂です。

しかし、分けることに特化するあまり、バランスを欠くのではとの不安が頭をもたげます。違いよりも共通を捜し、くっ付けることも必要と感じるのです。今は、まさに、くっ付けることが欠

如しているのではないでしょうか。

利害とは利得の違いを言います。自分に得なことが他者には損になる関係です。これに固守するのが利害対立です。トランプ大統領の「アメリカ・ファースト」が良い例です。政治だけではありません。親会社と子会社、コンビニ本社と店主、正規と非正規社員、これらの関係は、今や、パートナーではなく、利害対立の中にあります。

私たちは自我に執着することを抑え、同じ「いのち」から生まれた事実に目を向ける意識を失いかけているようです。属する国家・民族・宗教・会社・組織の違いに囚われて、相互に壁をより高く、さらに強くしようとしていないでしょうか。祈ることはその対極に位置します。「違い」ではなく「同じ」に気付き、それを膨らませることが大切です。そういう時代になりました。

◆職場という戦場（分会ニュース60号　2005年12月2日）

日教組が戦後、一貫して言い続けてきたスローガンに「再び、教え子を戦場に送るな」があります。もちろん、これに異議を申し立てる気はありませんが、今は「職場という戦場に教え子を送るな」の方が、より切実な響きがあるように思います。

15歳から24歳の就労者の約半分が非正規雇用者であることをご存知でしょうか。彼らが正規雇用者に比べて、待遇が悪いことは言うまでもありません。年収を見てみましょう。15歳～34歳の平均を正規社員と非正規社員とで比べると387万円と105万円です（赤旗日曜版11月20日）。その他、交通費の支給、厚生年金や健康保険の加入の件でも待遇の差は大きいのです。

「ボーナスで海外旅行に行こう」などと話し合っている正規社員を見ていると、「同じように仕事をしているのに」その待遇の差を思い知らされ、悔し涙が出たという非正規雇用者の訴えに、どう向き合えばいいのでしょうか。

この様に書くと、「正規雇用者になればいい」という声が聞こえてきそうです。この声は、次の２点を指摘すれば、二度と発することがなくなるだろうと思います。まず、非正規社員は、企業の経営の必要から、経営者が創り出しているということがその一です。

次は、正規社員は羨ましい存在かというと、そうではなく、収入は良いのですが、正規社員もまともな扱いを受けていないのです。非正規社員は二等兵であり、若い正規社員は上等兵に過ぎません。補充が利く消耗戦力であることに違いがないのです。彼らを兵隊に例えましたが、まさに、彼らの職場が戦場と化していると思えるからです。

先日、卒業生が、来年の３月まで我慢して、今の職場を辞めたいという電話がありました。翌日の日曜日、私の家に来ることになりました。お茶を出すやいなや、堰をきったかのように、次の話をしてくれました。

彼は、特別養護老人ホームの介護士として、今年、社会人の第一歩を踏み出しました。１か月ほど前に、入浴中の住居者が死にかける事故が担当フロアーで起きたそうです。幸い一命をとりとめました。その日の報告に、担当者が他の仕事に行ってしまったために、発生した事故であったと記入したところ、直属の上司から、書き直しを命じられ、事実と違う報告をしたというのです。しかし次の日、本当のことを記入するように指示があり、そのとおりにしたと言います。しかしです。どうも、その入居者の家族には事実を語らな

かったらしいのです。このことから、就職間もない頃、入浴中に亡くなった入居者がいたことを思い出したそうです。もしかしたら…と。

ここまで聞いて、ことは深刻であると分かりました。人間としての誇りに係わる事態に直面したわけです。

しかし、彼が訴えたかったことはこれだけではなかったのです。労働基準法にことごとく違反している労働現場が浮き彫りにされだします。経営者や職員の姿勢も！

① 労働契約書は4月に研修の一つとして説明されたが、「部数が少ない」と回収された。

② その中に、確か、休日は月に9日とあったはずだが､3日ないし、4日が現実。

③ 少し前までは、3交代制であったのが、5交代制に変わった。その結果、仕事は以前より、きつくなったと先輩が言っている。

④ 年休はその理由を書かなければ認められない。しかも、認められるのは、病気、忌引き、法事だけと言われている。旅行は認められない。今まで、一度も取ってない。「休めば、周りに迷惑なのだからな」と言われた。

⑥ 「働いているのではない。お前らは働かせてもらっているのだ」と言われた。

⑦ 開設以来のベテラン職員が「先のないじいさん、ばあさんばかりを相手にしていても、意味ないよな。張りのない仕事だな」という発言をする。

⑧ 忘年会は参加が強制され、スーツでネクタイと指定される。

⑨ 1～2時間のサービス残業を前提にして、仕事のローテーショ

ンが組まれている。5交代制に変えたのもサービス残業のことを考えてのことのよう。これで、相当数の職員数を削減している。

⑩ 介護は施設・職員の都合を優先して実施されている。例えば、トイレは食後必ずさせることに決まっている。逆に、トイレの世話をして欲しい時は、決まった時間でなければ、放っておく。おむつがあるでしょう。畜産の現場ではあるまいが。

将来、この施設には入りたくもない。そして、この職場で頑張れと言うことは、酷なように感じました。ここに生活する入居者にとっても、職員とっても、人間らしく生きたいという意思と希望を口にした途端、職場は戦場に変わるのです。

このような職場は、今、いくらでもあるようです。22歳からマクドナルドでバイトしている30歳の男性は、時給800円で働き始め、いまは840円である。生活できないので週3日時給1000円で徹夜の清掃仕事を入れている。くたくたになって、マクドナルドへ。交通費は自前で、年休は一度も取ったことがなく、「文句があるなら、いつやめてもらってもいい。代わりはいくらでもいる」と使い捨て宣言をされる。26歳派遣社員女性の場合、信販会社で正社員に混じって、クレジットの契約書の受信をし、手数料の計算などの仕事をしている。早番・遅番ともに9時間のシフト制。有給はあるけど、雇用契約期間は1か月で月毎に更新する（雇用契約3か月以下の職員には、厚生年金も健康保険も加入させる義務が経営者にはない）。コンピューター関係の開発の業務請負社員、32歳、男性。朝8時に出勤して、夜8時までの勤務だが、9時・10時・11時までの日も多くある。そうなると、もうなにもできない。休日は昼まで寝ていて、ボーとし

ているうちに終わってしまう（以上、2005年11月20日の赤旗日曜版より）。

文句は言えないのです。言えば、ＮＥＥＴという弾丸が自分に向けて飛ばされます。比喩でなく、まさに、戦場ではないでしょうか!!　人間らしく、当たり前に生きようとすればするほど、その人は戦場を走り抜ける運命を背負うのです。

「フランシーヌの場合」という歌が50年近く前に流行りました。フランスの学生運動の中、抗議の焼身自殺をした学生を歌った歌詞の中に、「本当のことを言ったら、お利口になれない。本当のことを言ったら、あまりにも悲しい」というのがあります。本当のことを言うと弾かれるのです。「気付いてみたらそんな世の中になってしまった」—言いたくはない、恐ろしい言葉です。

◆課題「仕事とは何か」の提出報告

（分会ニュース63号　2006年1月10日）

以下は、3年生の「現代社会」の夏休み宿題で問うたテーマＡ～Ｃに対する生徒たちの答えです。お読みください。

この夏休みの宿題は、次のように提示しました。

テーマＡ　何のために仕事をするのか

テーマＢ　仕事は楽しいものか、苦しいものか

テーマＣ　社会に出ること、仕事を持つことは胸弾むことか、不安なことか

方法①　自分で考える

②　書籍・インターネットを参考（資料としてなら、添付もＯ

K）
③ 家族・親戚・知人の意見を集める
④ 学校の仲間の意見、考えを聞く

生徒たちの答え
生徒たちの意見は多数ありましたが、省略させていただきました。
（当校は８割が就職希望）

期待を持って、生徒諸君に説明し提出を求めましたが、現在になっても、提出数は半分程に過ぎません。２学期中間試験の出来が悪いのは例年のことですが、現３年生は２学期後半にまで「たるみ」の尾を引いてしまいました。それをどうすることもできなかった自分は、仕方なく、期末テストでは語群を付ける問題を多くしました。この課題の提出も、期末テスト当日まで待つと伝えましたが、それに応ずる者は少数でした。予想を下回る結果に、「駄目じゃ、こりゃ〜」と少し、投げやり気味で、評価のため課題を読み始めたわけです。

すると予想に反して、読むに値する物が多くあることに驚いてしまいました。生徒たちを「幼稚でしょうがない」と感じていたのですが、逆に、教えられてしまうことがたくさん目に入り、心に沁み込んできたわけです。

提出者たちは、この難問ゆえに、家族・知人・仲間に意見を求めています。さらに、インターネットを有効に活用したようです。「ネットを読んで、勉強になっただろうな」と思うものが多々ありました。彼らがネットから引用したものを読んで、私が、結構、楽しく、なるほど、と引き込まれました。

皆さんに紹介しているものは、生徒たちが調べ提出したものの一部に過ぎません。家族の意見は、両親はもちろん、兄弟姉妹、祖父母に及んでいます。どれが家族のものか、当てるのも面白いと思います。家族の意見を読んでいて、「さすがだなぁ」と思わされましたし、「仕事の意味って、父ちゃん、なんだよぉ」と問う生徒と、問われている父ちゃんの様子を想像すると、微笑ましくも、暖かく、有難い気持ちになりました。

テーマAについてです。読んでください。ほぼ、すべてが出そろっていると思いませんか。2の「生きがいが欲しい。自己存在の確認と成長」。これは本人の意見です。私はこう思っているだけで充分だと思います。12です。「食べるために仕方ないと、いやいややっているなら、自分の時間はそれ自体意味がないまま消えていってしまいます」。これには、「今、自分には、仕事の意味はこれだと確信できるものはないが、あって欲しいし、あるのだ」と言い聞かせている生徒の姿が見え、必死な思いを感じます。そうすると、13の「仕事に意味などない」です。実は、あって欲しいと思っているのだが、こう書いているとも見えてきます。そして、17番「誰かのために貢献できたらいい」です。私自身は高校生の頃、「他人のために役立つことが、生きる目的である」には嘘くさいものを感じてしまい、生きる目的として納得しませんでした。しかし今は、人間は自利他利で生きていくのが自然と思えるようになりました。

(以降、次号)

◆63号からの続き（分会ニュース64号　2006年1月13日）

A「何のために仕事をするのか」に、その17は「誰かのために

貢献できたらいい」と答えた件です。

「誰かのために貢献できたらいい」と高校生でこう言えることを羨ましく思います。親孝行をせずに父親を亡くし、母親にも素直に、親身になれないでいる自分をどうすることもできない私にとって、21 番「仕事をする意味は、これまで育ててくれた両親のありがたみと苦労を肌身で実感できることである」は「やられたなぁ」と胸に刺さる一撃です。

この子は、初任給で、その額に相応しくない程、高価なプレゼントを両親にするのでしょう。私は初任給で、両親にプレゼントをするぞと、思いもしませんでした。他県に自分はいた、仕事に慣れるのに精一杯だったし、休日も部活で余裕がなかった等々の理由は言訳でしょう。この子の人間的資質の前に、もの言えぬ情けない、正に、無情な自分が座っています。

就職して数年後の年末、父にはラクダのウール下着上下を 25,000 円使い、東京駅大丸で買い求め、帰りました。それから 20 年、父のタンスを整理していたら、箱に入ったままの「ラクダ」が奥の方にしまってあるのに気付きました。父の思いに、切なく、有難く、申し訳なく、己を恥じました。4 月に就職する諸君すべてが両親にプレゼントすることを祈ります。

テーマBについて、大きく 2 つに意見は分かれます。その一つは、そもそも、仕事はつらいものであるという見方です。もう一つは楽しいというものです。しかし、これは少数派でした。その少ない例がBの 14 番「趣味の野菜作りが仕事になっている」という幸せで、羨ましいケースです。ちなみに、これはあるお母さんの御意見でした。Bの 16 番「バイトの経験から、苦しいというよりもめんどうくさいと思いました。苦しいとは思いませんでした。どちらかとい

うと楽しかったような気がします」もここに属しますかね。

大多数が、仕事は辛いもの、苦しさを伴うものという見方をしています。しかし、これらの意見は一様ではないのです。大きく3つに分かれます。第1が「仕事はただつまらぬもの、つらいものだから、つらさを我慢することの代償が収入と割り切って労働時間をやり過ごす」「働くことに意味があるとすれば、収入を得ることだけという考えです」。確かに、すべて人が働くことの意味として、「収入を得ること」「生活するため」を挙げています。しかし、多くの者が「それだけ？」という疑問も感じています。これだけでは、何か、スッキリしない、納得できないという思いです。

そこで次の意見です。第2はBの6番の「つらいがやらなければならない」です。つらいがやることに意味がある、という立場です。収入を得るだけが目的ではなく、つらいがやり通すこと自体が大切だと、上の「スッキリしない」を乗り越えています。15番「自分の楽しさを捨ててまで仕事をしなければならないと思う。それが社会だし、大人の世界だと思う」、17番「自分が好きなことをするのに『つらさ』が加わって欲しくないなら、それは趣味のままにしておくべきです。つらさを我慢できれば、その道のプロになれるわけです」も近いものを感じますが、どうでしょう。

そして、第3が「つらいことを我慢することで、人間として成長でき、楽しさに至れる」というものです。Bの1番「確かに、苦しいと思うことは耐えがたいものである。しかし、苦しいと思う時こそ、意志の強さで我慢して受け止め、その壁を乗り越え、初めて、楽しさが大きな気持ちになって返ってくると、プラスな方向にも考え生きたい」、3番「確かに、つらく苦しいものだと思う。怒られ、失敗して辞めたいと思うことがあるが、その仕事が楽しいから続け

られるのだと思う」、4番「仕事は楽しい面もつらい面もある。そのすべてを含めて仕事を好きにならなくては駄目だと思う。仕事も人生も苦しいものだ。それを乗り越えることで成長し、仕事も達成できる。誠実に仕事に向き合えば得るものは大きい」、5番「楽しい仕事は基本的にあり得ないでしょう。ただ、仕事を楽しむことはできます。その人の気持ち次第でしょう。いかにして、自分で仕事を楽しもうとするか」がこれに当たります。

また、自分に合っている仕事や好きな仕事であれば、苦しさもつらさも、楽しみになるという意見もあります。7番「仕事を修得する過程で苦しみは当然付きまとう。好感が持てるものなら、苦しみも楽しみと感じ取ることができる。しかし、単なる歯車のように、意味を見出せない仕事なら、それは苦痛かもしれない」がこれです。紹介していませんが、これに類する意見は多数ありました。

しかし、ここまで来ると、これらを「仕事はつらいもの」の中に入れていいものか迷い出してしまいます。収入を得ること以外に働くことの意味を追求するあまり、実は、仕事ってつらいものではないと言いたげです。この傾向がより鮮明に出ているのが8番「大抵の大人は苦しい忙しいと答える。しかし、仕事に生きがいを発見してがんばっている人もいる。そういう人は楽しいと答えるだろう。楽しいと言えることは苦しいというよりも難しいことだろう。仕事が楽しいと言えるようになりたい」と、13番「仕事は楽しいものではない。楽しいと感じるだけのものなら、人間は飽きてしまう。仕事が苦しいから、もっと楽しくするにはどうしたらよいか試行錯誤を繰り返す。その面白さを味わうことができる。仕事が苦しいから趣味や遊びも楽しむことができる」と、18番「例えば、会社に入り、恐ろしい上司と話をする時、その恐ろしさを意識すると楽し

くないから、その上司の迫力の原動力は何かを研究しながら話を聞けば、ただ、苦痛ではなくなる」、9番は簡潔です。「苦しいが楽しい」ですから。

仕事はつらいものと言いながら、実は、楽しいかもしれない、楽しいものに成りうると言いたい人たちは、次のような条件を付けたり、要素を仕事に継ぎ足します。①「自分の好きなこと、やりたいことを仕事に選ぶ」ことを条件とする、②「やりがい」「生きがい」という意味を仕事に与える、③社会・地域・人の役に立つよう努めることは仕事に楽しさを与える。紹介しませんでしたが、「ものは考えよう」「見方を柔軟に変える」の類も多くありました。

そして、仕事をつらく感じないための極意を示すのが19番「今の仕事はつまらないという人がいます。その人は仕事を楽しもうという意欲がないのです。そのくせ、仕事に対する文句を言うから質が悪い」でしょう。この子は、実は、仕事を楽しいものと感じています。しかし、たまに、自分もつらい気分になってしまうから「こうありたい」「こう考えて生きている」と文章にしていると思えてなりません。

8番の「仕事が楽しいと言えるようになりたい」に大多数の人が共感されるでしょう。「仕事に意味なんかない」「仕事はつまらなくて、つらいもの」では誰もがさびしいのです。仕事に充実感を感じている時こそ、私生活は安らぎを高めるのです。仕事の充実感と家での安らぎが生きることの喜びを醸し出すのではないでしょうか。

生徒諸君の熱心な取り組みにより、少し、私の充実感がその存在を主張しています。また、転換ミスが多いなか、ここまで読んで、お付き合いいただいたことには「有り難う」です。すべてのミスを発見し、指摘された方は社会科研究室で、八角が作るレモンティー

が飲めます。「ティータイムは社会科で」お待ちしています。

〈2018年8月26日追記〉

13年ぶりに読み返してみますと、新たな感情が生まれます。B－8です。初めから読んできて、最後の「仕事が楽しいと言えるようになりたい」には胸が詰まりました。この子も、不安なのです。それを打ち消すかのような決意表明です。

B－12を読んできて、心配なこと大変なことの最後が「社内恋愛の破局」には大笑い。今となっては確かめようがありませんが、これは女子ではないでしょうか。そうすると、なぜか、笑いはさらに大きくなります。

そのすぐ下の13番「楽しいと感じるだけなら、人間は飽きてしまう」。この洞察力を私は18歳の時、持っていたでしょうか。部活にも一生懸命だった3年間だったのでしょう。この時の勤務校はほとんどの部活が県大会出場常連でした。ごく当たり前の公立ですが、県ベスト8や16の部活も幾つかありました。部活動が盛んであったのです。

ある年度初め、新入生を迎えて、1か月もしない頃、盗難事件が発生しました。臨時の全校集会が開かれ、申し出ることができないのなら、元に戻すようにとの指導がなされました。私は1年生のことが気になりました。せっかく入った学校が「こんな学校だったのか」と思うであろうということです。そこで、司会者であったことをいいことに、我が校の素晴らしいことをお話ししました。部活動が盛んなこともその一つです。出席率がやたら高いことも説明しました。昨年の出席率は100％（四捨五入すると）を筆頭に99％以上のクラスがほとんどだったこと。出席率が高い

ということは学校が楽しいからです。生徒が楽しい学校が一番の学校です。そして、資格取得数が県下で有数。それは科の枠を超えた連携があったからです。そんな話をしたことを思い出しました。

◆「理想の授業」と教養（分会ニュース65号　2006年2月24日）

「男の持ち物で一番大切なものは……理想である」というコマーシャルがあったのを覚えておられるでしょうか。突然、大問題が突きつけられ、考えさせられてしまいます。「大切なものは」の後に、少しの間があります。この間に、思いが走ります。答えが決まらないうちに、「理想」の言葉が伝えられます。納得させられ、次の問が自分に向きます。「俺の理想は何か？」。人生の理想を持ち合わせていない私ですが、授業の理想は語りたいのです。

小学校に入る前から、寄席番組を見る少年でした。「東宝名人会」「お好み演芸会」を毎週欠かさず見ていました。その他、落語家が出演していた「お笑い三人組」「おんぼろアパート」「てなもんや三度笠」などもお気に入りの番組。高校に進むと、弁当を受け取り、少し時間をつぶし、制服で寄席通いするに至りました。今もある上野鈴本、新宿末広亭、今はなき人形町末広亭です。数学や物理の授業で、前もって「次の時間が始まる前に黒板に式と解答を書いておけ」と指名されると、その時間には下町にいました。

人形町末広亭の客席は畳で、木戸番に靴を預け中に入ると、座布団を渡してくれます。冬には、火鉢にあたっているご老人が「こっちに来ないかい」と誘ってくれます。そこで、「学校はどうした」などと説教をするご隠居は一人もおられなかったのです。「寄席の

方が学校よりどれだけ勉強になるか分からないね」が、方々の見解であることを常としました。こころも暖まりました。確かに、日本史・古典・芸能の知識を広めることができるという実利に加え、人の弱さ・強さ、美しさ・醜さ、かわいさ、健気さ、はかなさ、人の世の不条理なども感じ取らせてくれ、教えてもらったと思います。

感じ入ることの中に次のことがありました。「落語は同じ演目を何回聞いても笑える、悲しめる」ということがそれです。はなしの筋は、もう、分かっています。落ちも分かっているのに、初めて聞くように笑える、新しい発見もあるのです。このことが、私の「理想の授業」の基にあります。

「既に、知っていること、耳にたこができるほど受けた説教などが、あたかも、新しく聞くことのように、受け止められる授業」が私の「理想の授業」です。「ご老人を大切にしなさい」「親孝行をしなさい」「ルールを守ろう」等々。これらは、すでに、国民的合意事項です。しかし、これらを実践しているかと言えば、必ずしも、そうではありません。知っているが行動になりません。つまり、知っているが分かっていないのです

ここで感情の出番となります。「知る」が「分かる」に至るには苦しみという「痛み」と、喜びという「快感」が必要です。知識に苦しみ・悲しみ・喜び・楽しさという「感動」が溶け入ることで、知識は理解に、さらに、教養にと進化していきます。教養とは、自由自在に使いこなせ、しかも、無意識に、実践に移しうる知識のことです。我々は感情が動くことなしには、知識を教養にまで昇華させられません。いつも聞いている話が違って聞けたのなら、それは、感情が作用しているからに違いないのです。我々は「あいつは痛い目に遭わなければ分らない」とよく言います。「痛い目」とは感動

のことではないでしょうか。寄席で同じ噺を何度でも聞けるのは、その都度、新しい発見と感動を客に与えるからに違いないのです。

もう一度言わせてください。私の理想の授業とは「目から鱗が落ちる」授業のことです。人生には感動が必要でしょう。だから、「教育にも感動が必要だ」。そう言える根拠は、知識を与えるだけでは、生徒を行動・実践へと向かわせる教養を身に付けさせられないからです。知識教育に加え、情操教育も大切だというのは、感情が動かないと知識が教養に変質しないからなのです。

下は、私が「目から鱗が落ちた」例です。

1 優しさには限界があり、強さには狂気がある。
2 楽しいことと楽しいことだけでは幸せになれない。苦しいことと苦しいことだけでも幸せになれない。
3 自分を相対化することは、絶対なるものを見ようとすることだ。
4 緊張を楽しめる人生。
5 「生きている」ではなく、実は、「生かされている」。
6 他人を笑うのではなく、他人と笑う。
7 感謝されることより、感謝できることの方が喜びは大きい。
8 人の真価は苦しい時に現われる。
9 他人の能力を妬み、苦しむのではなく、どう活かすかで苦しみなさい。
10 悪が存在するのは、他者がいるから。
11 悲しみ・苦しみも感動だ。
12 人間は弱いからこそ、強くなれる。
13 喧嘩のいいところは、仲直りできること。

14 豊かだから、与えるのではない。与えるから豊かになるのだ。

15 他人の悪口を言うことと、自慢することは同じ心理から生まれている。

16 関心を持つとは「自分ならどうするか」を考えることである。

17 希望なくしては生きていけないが、希望を語るだけでは生きたことにならない。

18 嫌われる自分を気にすることはありません。なぜなら、あなたは自由だからだ。

19 嫌われる人の共通点は、①自慢話をする、②人の話を聞かない、③自分に甘く、人に厳しい。

20 タフでなければ生きていけない。優しくなければ生きる資格がない。

21 誰もが今日より明日は良くなりたいと思っている。悪くなろうという者はいない。

22 幸せは求めるものではなく、与えられるもの。

23 命より大切なものを持ちえた者こそ最高の幸せ者だ。

24 成長は悩みである。

25 成長は自己責任の拡大である。

26 過ちは認めて宝となる。

27 他人を怒ってしまう自分を突き詰めると、自分の未熟さに怒っていることに気付く。

28 他人を信じられなくなることは、まだ、どうってことない。自分を信じられなくなることに比べたら。

29 善は人と人を結びつけることに、悪は引き離すことに関係している。

30 成功する秘訣は成功するまでやること。

31　成功の反対は失敗ではない。何もしないことである。

今、お金にならない働きを仕事と呼ばない平成という時代に疑問を感じています。「北の国から」最終回で、唐十郎演じるところの、ジュンが結婚を申し込んだ女性の元夫の父に「お前の父親は、仕事、何をしている」と聞かれ、口ごもると、怒られてしまう。「お金にはならないが、色々やっています」と言うと、唐十郎が「色々やっているのなら、立派なものだ。なぜ、すぐに、答えなかった」と言って、また、怒られる場面があったことを覚えていますか。私はこの言葉を生む精神性に感動してしまいました。

お金とそれに係わることには、卑しくなることがあるとの認識が戦前まで、日本にあったと思います。お金にならないことも仕事としての市民権を持っていたのです。こちらの方が、まともな時代だったと思わないではいられません。貨幣が交換の主流ではなかった時代、交換の規準の第1は「注ぎ込んだ労働量＝大変さ」でした。10の大変な思いに対して、10の大変さで応える交換であったわけです。村上ファンドの不健全さの元が見えてきます。常識が非常識ではないかと疑うべき時代に入り込んだように思います。「目から鱗を沢山経験し、新しい常識を教養としなさい」と、天がお声を挙げているように思うのですが…。

◆“生きている「実感」のない生活”から

（分会ニュース68号　2006年3月31日）

48号で、「生徒幸せを語る」を紹介しました。その中で、幸せだと思うがその実感がない、という意味のことを数人の生徒が書いて

います。それも全員が「実感」という言葉を使っています。「実感がないとは!!」と気になりましたし、今の日本を言い当てているなぁと感心もしました。

この生徒たち、というか、我々は自分を幸福だとは思うのです。衣食住に困ることがないし、楽しみもある。生活は便利で快適、国民の多数が古代貴族以上の生活を送っている。だから、幸せだと言わねばならぬように追い込まれるのです。これで不幸だと言ったら、A・A諸国で厳しい生活を強いられている人々に申し訳ないと思うのです。だが、実感がないのです。自分の中に、幸せだという喜びを発見できないでいるのです。しかし、この喪失している実感は「幸せの実感」ではなく、「生活の実感」であると言った方が正確なような気がします。

ここ数年、1年生諸君からいただく雑巾に、量販店などで売っている10枚150円という薄く、ひ弱そうな雑巾が混じり始めました。一般家庭生活がここまで来たか、と思わせる事実です。生活の中身はその過程そのものであり、質の高さも過程の在り方で判断すべきと考えます。もし、母親が学校で使う5枚の雑巾を、その子どもと一緒に作ったらどうでしょう。「受験勉強頑張ったから、こうして雑巾を縫えるね。喜びを込めて縫おうね」という話にするならば、これは、もう、教育です、文化です。

「はい、1000円、カインズで買ってきなさい」。ここに、文化があるでしょうか。これを生活と言えるでしょうか。言えるなら、質の低い生活と言わざるを得ません。我々は自ら、生活の過程を奪っています。生活の過程をお金に置き換えています。手間暇が生活なのですが、生活の中身が家庭から消えてしまいました。

手間が掛かることを面倒くさいと厭うことが、むしろ逆に、文化

となっています。この状況を文化と呼ぶことは、石田純一さんが「不倫は文化だ」と言ったことと同じぐらい、文化を歪める所業と言わなければなりません。「めんどくさい」ことをしないで済むことを合理化と言い、それを価値とし歓迎した結果が、我々から生きている実感を奪っているのだと気付くべき時が来たと思います。生きている実感を金を払って買うのではなく、売り払っていたのです。それこそ、もったいない話であって、合理化しなければなりません。「面倒くさい」がお金を生きる目的に昇格させてしまいました。お金を目的とすることは、他者を目的とする姿勢を奪ってしまいます。お互いを目的にし合うことは、他者と味わう喜びを一緒に生きることです。この喜びが生きる実感であり、幸せの実感ではないでしょうか。

自給自足の生活にあこがれることは、実社会、生活から逃避したいという臭いを流します。しかし、生活を創り上げることの中心部分が、生活に必要なものを自ら作ることだという洞察は、基本的に正しいと思います。生きている実感、幸せの実感は働いた身体がまず感じ、働き合ったこころが噛みしめ合うものなのでしょう。

〈2019年3月7日追記〉

命を味わう幸せは無駄なのでしょうか。そんな余裕を軽蔑するような企業社会・管理社会になっていないでしょうか。「ゆとりなどと甘いことを言っているんじゃない」。確かに、ゆとり教育は廃止されました。

富士山も駅弁もないリニア便

2章　民主主義小文集

民主主義は国民主権とか基本的人権の尊重だけで成り立っていないように思います。これらを表看板にする大本には人を思いやる気持ちや共に生きていきたいという思いがあるのではないでしょうか。

民主主義の土台が共に生きる安らぎや喜びであるなら、これらは社会的弱者や特殊な身の上の人たちへの配慮となって現れ出ることでしょう。民主主義は単なる政治上の規則や形式にとどまらない、思い入れであると理解します。

ここで必要な姿勢は豊かに働く想像力と連携です。そこから生まれ出る知恵が民主主義の命なのだとの思いを強くしています。

これらを大切にする心を、近代市民社会が成立する以前の日本の商人がすでに持っていたことに気付かされます。近江商人です。「自利利他円満の功徳」や「売り手よし、買い手よし、世間よし」の「三方よし」を家訓としていたことが今、再注目されています。彼らは、商売相手と利益を共にすることだけでなく、その商行為が世間をも良くするように配慮することを肝要としています。

この歴史や文化に育まれてきた生活理念が健全な社会を成り立たせていたことは、今にも通じる模範です。日本型の市民社会確立の土台を見る思いです。同じ文化は江戸町人社会にもあったようです。その話から始めます。

働くは「傍楽」

バブル崩壊後の大資本がやっていることは、明治期に来日した欧米人が賞賛した「美しい日本人の生き方」をなで斬りにする程の悪徳に満ちています。

派遣労働という名の「ピンハネ」、外国人研修という「たこ部屋制度」、サービス残業という「ただ働き」、そして、下請け支配という「弱い者いじめ」。これらは、戦前、やくざが得意とした分野です。息を潜めていましたが、大企業がやくざに替わり、復活させるとは思いませんでした。

落語で、働くとは傍（はた、人様のこと）を楽にすることだから「はたらく」なんだ、と聞いたことがあります。江戸庶民の健全な世間との関り方を教えています。かつて、商売には倫理の裏づけがあったのです。

今、人倫に反する資本の論理に従わねばならず、苦しむサラリーマンは多いのではないでしょうか。「美しい国」は美しく生きようとする日本人を幸せにする国でなければいけません。こうしてしまった国はその責任を感じていないようです。

（毎日新聞「みんなの広場」2007 年 6 月 4 日）

美しい社会の幸せな市民へ

「ごみは持ち帰ろう」といった標語は、現実がそうでないから作られるものです。「美しい国」を言った首相には、日本が美しく見えなかったのでしょう。市民が示す愛国心では物足りず、教育基本法を改定して、愛国心を教育の目的に加えました。「美しい国」には

「愛国」が欠かせないようです。

私たちは「美しい国」や愛国心論争に振り回されて、本質を見誤っていたと思うのです。我々が社会に生きている事実を軽視していたと思うのです。確かに、活力ある社会のために国が果たす役割は大きいでしょう。しかし、市民生活を支える機能が国ですから、国は目的ではないはずです。美しい国でなく、美しい社会を目指すべきだったのではないでしょうか。

美しい社会像を次のように描きます。学び、仕事をすることが楽しいと受け止められ、それが市民を幸せにしている姿です。しかし、現実は、苦しいから仕事で、それを我慢し、乗り越えることが社会人の資格であり、できねば落伍者なのです。

これを経営者が言ってはいけません。それは、教師が勉強はつまらなく、我慢してやるものだと言ってはいけないのと同じです。そうでなく、仕事を苦痛にしている責任を企業は重く受け止めるべきなのです。

自由競争の名の下、下請け支配、非正規雇用の拡大、過労死など、他へのしわ寄せで、史上最高益を上げている姿は美しいでしょうか。ここで企業に物申すのが、美しい社会に相応しい健全な政府＝国です。欧州人が集まって、一致した認識が「日本人は生きていない」だったそうです。不幸の代償が豊かさなら、何のための豊かさなのでしょうか。

（週刊金曜日「投書」2007年11月30日号）

聞き流す人身事故という自殺

〈2018年9月16日追記〉

安倍首相は、外国企業が世界で一番活動しやすい国にすると喧

伝しています。過労死推進法の異名を持つ高度プロフェッショナル制度やカジノ法（アメリカカジノ資本が進出を狙っている）をすでに成立させました。国民を幸せにしない国です。にもかかわらず「国民の生命財産を守るのが私の仕事だ」と言えるのです。

過労死で外国企業おもてなし

ストライキは禁じ手なのか

ベースアップゼロ回答が出て、高木連合会長は詫びました。しかし、なぜ、この回答を天の声として受け入れてしまうか、今、詫びてしまうのかが理解できません。回答が出てからが労組の闘いでしょう。

マスコミも、東京新聞３月19日社説「春闘戦術の失敗は明白」の「失敗」はストを禁じ手としていることを指していません。なぜなら、「各社業績の急激な悪化を考えれば、ベア・ゼロ回答などは仕方ないだろう」と言っているからです。

辞書には、「大人しい」は「年長者らしい」「従順である」とあります。連合やマスコミ各社の経営者側への反応は、守るべきものを放置して、年長者らしさが従順に振る舞っている姿です。

これを、元総評議長太田薫さんは批判しました。1986年の著書『ストなし労働運動をブッた斬る』に「春闘は賃金抑制の手段に変質」「３人に１人がその日暮しに」とあります。優れた情勢分析でした。これに習い、ストを打ち「労働者派遣法」を阻止すべきでしたが、実行されなかったのです。その後も「大人らしく」振る舞い、違法派遣・サービス残業・名ばかり管理職・過労死を許してきたの

です。

高木会長の本音も、東京新聞社説と同じなのでしょう。もし、社会の安定を考えてストをしないのなら、それは間違いです。スト権を行使してこそ、労使の力関係は対等になり、双方の政治的、経済的実力の均衡が保たれるのです。「大人しい」ゆえに生じる力の不均衡が社会の安定を壊しているのです。労組がその役割を果たすことが求められます。

（週刊金曜日「投書」2009 年 4 月 10 日）

ストは無し端から勝気ない労組

国会質問時間配分の改善案

国会の使命は国民世論を政治に反映させることです。ですから、各党質問時間を議席数に比例させていると聞きます。しかし、与党質問は調査不足で核心に迫ることもなく、時間は余り、これをもてあまし、緊張感がありません。

一方、鋭い指摘で見解を質し、過ちを追及する小気味良さに見入っていると、「時間がないので次の質問に」となるのです。党によっては、質問の体をなさないのが現実です。これでは、国会は政治課題に対応し、解決する役割を全うできません。

思うに、各党議員数に比例させて時間を配分することがおかしいのです。趣旨からすれば、獲得投票数を基にする方が適切です。しかし、改善が必要な理由は「質問の体をなさない」ことです。そこで、最低限必要と思われる、共通の時間を各党に保障したそのうえで、得票数に応じた時間を上積みするべきと考えます。

そもそも、「少数意見の尊重」とはなんでしょうか。子どもの頃、多数決の原理と矛盾すると、悩んだものです。後の理解によれば、「現在の多数派が、少数派の将来多数派（多数意見）になる可能性を保障すること」です。

ならば、多数派は少数派に対し、自分たちと同じ条件での国会活動を認めるべきなのです。すべての党が同じ時間を配分されるべきでしょう。しかし、国民の支持が少ない党と多い党が同じではおかしいという理屈も成り立ちます。そこで、上の提案になるのです。解散をいつにするかという政局にばかりに、やきもきさせられていますが、国会が機能するための改革議論がなされないことにこそ、苛立つべきではないでしょうか。

（週刊金曜日「投書」2009 年 5 月 22 日）

強固な国家から柔軟な社会へ

メダル獲得数が少ない、韓国に負けていると騒ぎながら「グローバル時代だ。発想を変えよ」と、同じ口で言っています。実は、国家の枠に縛られているのです。

政府広報が「国境なき医師団」への寄付を呼び掛けています。曰く「国境の違いが命の格差になってはいけない」。ここには命のグローバル化への思想があります。しかし、命の平等と国境の維持は両立しません。国によって、労働力の価値に数十倍の差があります。また、命の尊さと国家の存続も対峙します。国家の栄光のために、命は消耗品のように消えていくのです。

国家では、境界線が城壁のように高く強固ですが、社会の輪郭は緩やかです。国がなかった頃、社会は自由にその範囲を拡大し、結

びつきを濃くし、また、縮小し薄くしました。それは生活の必要が、直接、社会の在り方に反映するからです。ゆえに、人間的な共感を共有しながらの協働が生まれ易いのです。

政治の体たらくは政治家が小粒になったからと言われますが、それだけではないようです。世界的に、国家の必要性の根拠が揺らいでいます。国民の必要を国家が妨害しているようにさえ見えるのです。よく考えれば、グローバル化とは、国家の消滅や世界社会の成立を踏まえた地球政府を想定しています。

そこで、朝鮮学校高校授業料無償化適用問題を考えてみます。首相は国籍を理由に反対します。国家にこだわっているのです。社会の目から見れば、障害も抵抗感も消えていきます。同じ空気を吸い、共存している生活実感からは、朝鮮人は仲間であり、地域社会に欠かすことができません。別にする理由を発見できないのです。強固な国家から柔軟な社会へ、そう思います。

（東京新聞「ミラー」2010年3月19日）

若者に職業的生きがいを

若者ホームレスが増えていることに世間の厳しい目が向けられています。企業・行政が批判されてしかるべきと思いきや、さにあらず、批判は若者に向けられているのです。

「中高年ではない。やる気があり、贅沢を言わなければ、仕事は見つかるはずだ。甘えるな」という説教です。「介護や農業の充実が急がれている。国民は必要としている。なぜ、そこに職を求めない」という怒りです。

派遣労働の拡大に伴い、正規社員求人が減りました。高校教師は、

割り切れない気持ちで、非正規職を生徒に斡旋してきました。生徒は、贅沢を言わずに、非正規労働者になったのです。なのに、今度も社会の都合で、介護・農業を担えと言われ、応じなければ批難されるのです。

高校では、短期間離職者増加を反省し、進路指導に力を入れてきました。その中心は収入などの労働条件だけでなく、自分の選択が適性はもちろん、生きがいや誇りにもなる職業かどうかを考えさせることでした。報道は、派遣切りが職業も住居も奪うから深刻と言いますが、そうではないのです。生きがい、誇りをも奪っていることを忘れてはいけません。

若いうちこそ、生きがいを感じられる仕事を見つけて欲しいと思います。それがどれほど人生を豊かにすることか。高知県のある会社が「あなたの夢を応援します」と宣言して、求人をおこなっています。すでに、歌手にという社員の夢を実現したそうです。若者が職業に生きがいも誇りも夢も持てない社会が健全であるわけがなく、発展もしないでしょう。応援したいものです。

（週刊金曜日「投書」2012 年 4 月 20 日）

諦めるために頑張る試される若さ残酷迷いの中で

職員会議採決復活を

生徒が自殺した件で、川西市の県立高校は生徒たちへの説明の場では「不慮の事故」とさせて欲しいと保護者に求めた、との報道がありました。道理を見失った、不甲斐ない姿勢に苛立ちます。

同じような苛立ちを覚えたことがあります。Y市からT県に移っ

た時です。Y市の学校では、職員も生徒も自由闊達で、生徒と職員の「成長」を目的にしていました。それに対して、重く硬い体制への無条件の同化を強いる、自己規制という「秩序」を目的とするのがT県でした。

この差はどこから生まれるのか。答えは最初の職員会議で分かりました。議長は職員選挙による議長団ではなく、教頭がおこない、さらに、多数決による採決がないのです。会議は静かなものです。反対意見がなく、原案どおりに決まるのが理想の会議とされていました。原案に反対すると後で、幹部たちに囲まれ糾弾されることも起きたのです。

職員会議での採決の有無と学校の活気とどう関係があるのか。それは簡単です。自分の一票で、会議が決まるかもしれないのです。ですから、真剣に意見を聞くことになり、自分の意見も生まれます。初任教員にも「若い先生の意見も聞きたい」とむしろ、期待されました。職員会議は責任に緊張し、先輩の意見や見識を学び、己を作る成長の場でもあったのです。

学校での民主主義とは「一人ひとりが校長のつもりで考え、発言し、行動することだ」。先輩の言葉です。民主的であれば問題がないとは思いません。しかし、今でも、民主主義以上の原理はありません。ですが今や、学校では言葉だけで済ませない実を伴う民主主義は危険思想なのです。

「学校は変わってしまった」「自分も早期退職したい」。旧同僚の声です。K県立高校でもT県方式が浸透、それは東京も同じです。都立三鷹高校の土肥元校長の事件がその例証です。校長の裁量権を狭めに狭め、教育委員会の権限を強める動きは、中央集権の弊害が明らかになった今、時代に逆行しています。

退職する直前の校長は私の質問に「教育委員会の言うとおりにするのが私の仕事です」と言い切りました。今回の「自殺」を「不慮の事故」にとの校長発言には教育委員会の影が付きまといます。職員会議で職員の声が反映されれば、生徒の死をうやむやにする、尊厳を傷つけるような結論は避けられたのではないでしょうか。

職員会議の採決を学校の決定とする制度の復活は各学校の実情に合った教育を可能にするでしょう。職員会議を通じた責任感と団結で、生徒の成長を目的とした学校を再生したいものです。できないことではありません。民主主義の学校には職員の数だけ校長がいるのですから。

（週刊金曜日「論争」2012 年 9 月 28 日号）

改憲論の資格

民主主義を否定する者は少ない。安倍首相も民主主義を口にする。憲法が押し付けられたと言う石原日本維新の会代表も、民主主義が押し付けられたとは言わない。だが、ここには嘘があります。

明治憲法には国民主権の条文はなく、人権も天皇から与えられるもので、いわゆる基本的人権ではありませんでした。憲法押し付け論に従うなら、「国民主権」と「基本的人権」もアメリカが、新たに加えたのです。ですから、憲法９条が押し付けというなら、国民主権も基本的人権も押し付けられたことになります。つまり、９条押し付け論は「民主主義押し付け論」でもあるのです。安倍首相の頭の中にある自主憲法に民主主義があるのか、不安にさせられる所以です。

戦後、市民は憲法＝民主主義を受け入れたのです。それは軍国主

義＝侵略戦争への反省でした。支配者の責任逃れの思惑を感じますが、「一億総懺悔」は戦争放棄の提案をごく自然な流れと受け止めさせたと言えます。むしろ、庶民の歴史感覚は歓迎したのです。

しかるに今、「一億総懺悔」さえかなぐり捨て、「侵略戦争でなかった」「南京大虐殺はなかった」「従軍慰安婦に国は関係ない」として、「反省」と「謝罪」を白紙に戻そうとの主張が勢いづいています。これを恐れます。なぜなら、侵略戦争をそれと認識できない者たちには、自分たちが起こす侵略戦争が自衛戦争に見えるに違いないからです。その彼らが改憲して自衛隊を軍隊にしようとしています。

憲法押し付け論は民主主義に価値を置いていないと論理的に言えます。しかも、改憲論と前の戦争の正当化は結び付いています。しかし、戦前の否定の上に、日本国憲法三原則を打ち立てたのです。ならば、改憲を主張するには、次の資格が必要だと民主主義者は考えます。戦前の支配体制が反民主的であり、それが侵略戦争を引き起こしたとの認識を持っていることです。

（東京新聞「ミラー」2013年1月28日）